Encyclopedia of
Animals

Primates and friends

Encyclopedia of Animals
Copyright ⓒ 2009 Amber Books Ltd
All rightes reserved.

Korean Translation Copyright ⓒ2014 by DAMTEO MEDIA
Korean edition is published by arrangement with Amber Books Ltd
through Imprima Korea Agency

이 책의 한국어판 저작권은 Imprima Korea Agency를 통해 Amber Books Ltd와의 독점 계약으로
담터미디어에 있습니다. 저작권법에 의해 한국 내에서 보호를 받는 저작물이므로
무단전재와 무단복제를 금합니다.

지구상의 동물 탐구 대사전

동물대백과

영장류와 친구들 편

저자 David Alderton · 복선경 옮김

담터미디어

David Alderton은 케임브리지 대학을 졸업한 이후 줄곧 이 분야에 매달려 야생동물에 대해 평생 동안 관심을 가진 전문가이다. 전 세계의 천연 서식지에 있는 다양한 생물들을 연구하면서 광범위하게 두루 여행했다. 동물에 대한 전문 작가로서 그의 책은 6백만 부 이상이 팔렸고 30개 이상의 언어로 출간되었다. 또한 BBC나 디스커버리 채널 그리고 다른 방송사들의 야생동물 주제의 라디오나 텔레비전 프로그램에 참석자와 작가로서 꾸준히 활동하고 있다. (David는 2008년부터 애완동물과 기타 동물들에 대해서 인기 있는 웹사이트(http://www.pethouseclub.com)를 운영하고 있다.)

옮긴이 복 선 경

우리에게 친숙한 동물이거나 이 책을 통해 처음 만나는 동물들까지, 온갖 포유류, 조류, 파충류, 어류, 곤충, 연체동물 등등 그 동물들을 만나며 때로는 아프리카 대초원으로, 때로는 뜨거운 사막으로 그리고 늪이나 북극 지역까지 동물 탐험 여행을 직접 다녀온 기분이 들 정도로 생생하게 다가왔던 작업이었다. 동물들의 본능과 습성 등에 때른 놀라고 감탄하기도 하며, 인간의 욕심과 지구의 오염으로 멸종해 가는 동물들에게 미안함을 느끼며 지구를 지키는 일에 일조해야겠다는 생각도 하게 되었다. 어린이든 어른이든 이 책을 통해 동물들에 대한 이해를 넓히고, 나아가 이 지구의 미래까지 고민할 수 있는 좋은 계기가 될 것이라 생각한다.

1975년 수원 출생. 1988년 아주대학교 영어영문과 졸업.
1999~2009년 재능교육에서 국내외 영어 교재 개발. 2010년 캐나다 영어 연수. 2011년 현재 영어 교재 개발 중.

이 도서의 국립중앙도서관 출판예정도서목록(CIP)은 서지정보유통지원시스템 홈페이지(http://seoji.nl.go.kr)와 국가자료공동목록시스템(http://www.nl.go.kr/kolisnet)에서 이용하실 수 있습니다.(CIP제어번호: CIP2014025349)

동물대백과(4) 영장류와 친구들 편 2022년 12월 15일 2판 발행

펴낸곳 담터미디어 펴낸이 이용성 저자 David Alderton 옮긴이 복선경
마케팅 박기원 전병준 박성종 관리 홍진호
교정·편집 전은경 김미애 디자인 wooozooo 등록 제1996-1호(1996.3.5)
주소 서울 중랑구 용마산로79길 35 전화 02)436-7101 팩스 02)438-2141
ISBN 978-89-8492-671-4 (74490) 제조국 대한민국 ⓒ 담터미디어 2012

* 책값은 뒷표지에 있습니다.

Encyclopedia of
Animals
Primates and friends

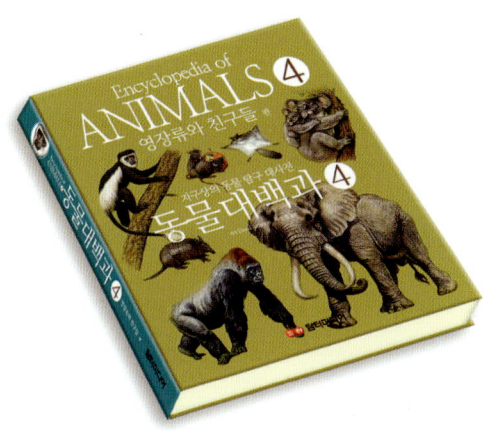

지구상의 동물 탐구 대사전
동물대백과
영장류와 친구들 편

│차│례│ CONTENTS

머리말 Introduction — 10

고슴도치 Hedgehog — 12
아드바크 Aardvark — 14
아프리카야생당나귀 African Wild Ass — 16
무스탕(아메리카산 작은야생마) Mustang — 18
길들여진말 Domestic Horse — 20
티베트야생당나귀 Kiang Tibetan Ass — 22
그랜트얼룩말 Burchell's Zebra — 24
흰코뿔소 White Rhinoceros — 26
인도코뿔소 Indian Rhinoceros — 28
말레이맥 Malayan Tapir — 30
필리핀날원숭이 Colugo — 32
오리너구리 Duck-Billed Platypus — 34
짧은부리바늘두더지 Short-Beaked Echidna — 36
갯첨서 Eurasian Water Shrew — 38
유라시아뒤쥐 Eurasian Shrew — 40
유럽두더지 European Mole — 42
케이프바위너구리 Cape Hyrax — 44
긴귀밴디쿠트 Greater Bilby — 46
텐렉 Common Tenrec — 48
낸시마올빼미원숭이 Nancy Ma's Night Monkey — 50
검은거미원숭이 Red-Faced Black Spider Monkey — 52
갈색고함원숭이 Brown Howler Monkey — 54
갈색양털원숭이 Brown Woolly Monkey — 56
피그미마모셋 Pygmy Marmoset — 58
황금사자타마린 Golden Lion Tamarin — 60
황제콧수염원숭이 Emperor Tamarin — 62
목화머리타마린(솜모자타마린) Cottontop Tamarin — 64
다람쥐원숭이 Common Squirrel Monkey — 66

흰얼굴꼬리감는원숭이 White-Faced Capuchin Monkey	68
버빗원숭이 Vervet Monkey	70
동부흑백콜로버스 Mantled Guereza	72
돼지꼬리원숭이 Pigtail Macaque	74
붉은털원숭이(레서스원숭이) Rhesus Macaque	76
바바리에이프원숭이 Barbary Ape	78
맨드릴개코원숭이 Mandrill	80
코주부원숭이 Proboscis Monkey	82
망토개코원숭이 Hamadryas Baboon	84
두크마른원숭이 Red-Shanked Douc	86
하누만랑구르 Hanuman Langur	88
갤라다개코원숭이 Gelada Baboon	90
아이아이원숭이 Aye-Aye	92
부시베이비 Bushbaby	94
고릴라 Gorilla	96
보노보 Bonobo	98
침팬지 Chimpanzee	100
보르네오오랑우탄 Bornean Orangutan	102
흰손긴팔원숭이 Lar Gibbon	104
주머니긴팔원숭이 Siamang Gibbon	106
인드리원숭이 Indri Lemur	108
링테일드리머 Ring-Tailed Lemur	110
우아카리원숭이 Uakari Monkey	112
티티원숭이 Dusky Titi	114
유령안경원숭이 Spectral Tarsier	116
태즈메이니아데빌 Tasmanian Devil	118
맷치나무타기캥거루 Matschie's Tree Kangaroo	120
긴꼬리왈라비 Pretty-Faced Wallaby	122
붉은캥거루 Red Kangaroo	124
노란발바위왈라비 Yellow-Footed Rock Wallaby	126

한글명	영문명	쪽
늘보주머니쥐	Common Spotted Cuscus	128
주머니여우	Common Brushtail Possum	130
코알라	Koala	132
워일리	Brush-Tailed Bettong	134
긴발쥐캥거루	Long-Footed Potoroo	136
천산갑	Pangolin	138
피그미개미핥기	Pygmy Anteater	140
호프만두발가락나무늘보	Hoffman's Two-Toed Sloth	142
큰개미핥기	Giant Anteater	144
작은개미핥기	Southern Tamandua	146
아시아코끼리	Asian Elephant	148
버지니아주머니쥐	Virginia Opossum	150
흰가슴담비	Beech Marten	152
거대코끼리땃쥐	Giant Elephant Shrew	154
벌거숭이두더지쥐	Naked Mole Rat	156
북아메리카비버	North American Beaver	158
기니피그	Guinea Pig	160
마라	Mara	162
카피바라	Capybara	164
산악비스카차	Mountain Viscacha	166
유럽물밭쥐	European Water Vole	168
유럽햄스터	European Hamster	170
노르웨이나그네쥐	Norwegian Lemming	172
목초지들쥐	Meadow Vole	174
둑방쥐	Bank Vole	176
사향쥐	Muskrat	178
군디	Gundi	180
작은이집트날쥐	Lesser Egyptian Jerboa	182
북아메리카호저	North American Porcupine	184
보타포켓고퍼(보타흙파는쥐)	Botta's Pocket Gopher	186

큰겨울잠쥐 Edible Dormouse	188
겨울잠쥐 Common Dormouse	190
남아프리카호저 South African Porcupine	192
리비안모래쥐 Libyan Jird	194
멧밭쥐 Harvest Mouse	196
생쥐 House Mouse	198
시궁쥐 Brown Rat	200
코이푸 Coypu	202
깡충토끼(날토끼) Springhare	204
검은꼬리프레리독 Black-Tailed Prairie Dog	206
남미날다람쥐 Southern Flying Squirrel	208
알프스마못 Alpine Marmot	210
붉은다람쥐 Red Squirrel	212
유럽들다람쥐 European Ground Squirrel	214
시베리아줄무늬다람쥐 Siberian Chipmunk	216
동부줄무늬다람쥐 Eastern Chipmunk	218
꿀먹이꼬마주머니쥐 Honey Possum	220
애기웜뱃 Common Wombat	222
눈덧신토끼 Snowshoe Hare	224
캘리포니아멧토끼 Black-Tailed Jackrabbit	226
숲멧토끼 Hare	228
구멍토끼 European Rabbit	230
고원우는토끼 Plateau Pika	232
쇠주머니쥐 Common Mouse Opossum	234
아프리카코끼리 African Elephant	236
아홉띠아르마딜로 Nine-Banded Armadillo	238
브라질세띠아르마딜로 Brazilian three-banded Armadillo	240
찾아보기 Index	242

머리말 | INTRODUCTION

우리가 사는 이 지구상에 얼마나 많은 종들이 존재해 왔는지를
정확히 아는 것은 불가능하다. 단순하게는 대다수가 존재에 대한
어떤 증거도 남기지 않고 멸종되었기 때문이다. 분명한 것은
전체 수의 아주 작은 퍼센티지–어떤 추정에 의하면 아마도
겨우 1퍼센트–만이 오늘날 지구상에 살아 있다는 것이다.

현재까지 약 180만 생물 종들이 동물학자들에 의해 확인되었고
학명을 받았다. 이 중에서 큰 동물들은 극히 소수일 뿐이다.
생명의 형태 중 가장 많은 수는 무척추동물이며
전체의 약 $\frac{3}{4}$를 차지한다. 생물 분류에서 식물과 미생물을 무시한다면
아마 생물의 종은 단순한 분류에 그칠 수밖에 없을 것이다.

오늘날까지 그야말로 수백만 종이 여전히 발견되고 공식적으로
발표되어 왔지만 그 반면, 많은 종들이 기록되기도 전에 멸종되는
운명을 맞기도 한다는 것은 충분히 짐작되고도 남는다.
뿐만 아니라 세상에는 지붕 모양으로 우거진 열대우림(열대우림 캐노피)과
해저 같은 특정 지역들이 있는데, 현재 우리는 이런 환경들에 존재하는
수많은 생명 형태에 대한 모호한 평가와 이해만을 가지고 있다.

그러므로 미지의 생물체까지 밝혀낼 수 있는 문명이 앞으로 다가온다면
지구에서 발견되는 생물은 인간이 상상하지 못하는 종류와 분류가
생겨날 수도 있을 것이다.

모든 동물들은 여섯 개의 다양한 주요 분과 또는 등급으로 나누어진다.
Invertebrates(무척추동물), Fish(어류), Amphibians(양서류),
Reptiles(파충류), Birds(조류), Mammals(포유류)가 그 여섯개의
분류이다. 앞서 〈무척추동물 · 양서류 · 파충류〉편의 제1권,
〈어류 · 조류 · 특이한 포유류〉편의 제2권, 〈육지의 포유류〉편의
제3권으로 여섯 개의 분류를 다루었으며 포유류 가운데서도 영장류와
유대목, 장비목 등 아이들도 쉽게 인지하고 구별하는 동물들을 모아
〈영장류와 친구들〉편의 제4권을 구성하였다. 원숭이, 말, 코끼리,
코뿔소, 캥거루, 코알라, 쥐, 토끼 등등 제3권에 다루지 못한
포유류 동물들 115종을 담아내었다.
생생한 사진과 실감나는 일러스트로 표현한 동물들의 상세하고 다양한
정보들이 담긴 총 네 권의 《동물대백과》를 통해 호기심 많은 아이들에게
지식의 양식이 됨은 물론 동물을 사랑하고 보호하면서 넓게는 자연과
지구를 아끼고 보호하는 한 사람 한 사람이 되길 바란다.

고슴도치
Hedgehog

생태 정보
무게: 1.5~2kg
길이: 15~30cm
성 성숙: 1년
임신 기간: 35일.
1년에 2회 낳는다.
새끼 수: 1~9마리,
보통 5마리를 낳는다.
35일 이후 젖을 뗀다.
먹이: 주로 곤충을 먹는다.
민달팽이, 달팽이, 지렁이,
딱정벌레와 땅에 둥지를
트는 새의 알을 잡아먹는다.
수명: 야생에서 8년,
사육됐을 때 10년.

식충 동물인 고슴도치는 주둥이가 유연하고, 먹이를 찾을 때 코를 킁킁대는 습성이 있다.

천성적으로 야행성인 고슴도치는 비 온 뒤 여름날 저녁에 가장 쉽게 발견할 수 있다. 고슴도치의 무척추동물 먹이들 또한 더 활발히 활동하는 시간이기도 하다. 가을이 다가오면 동면을 위해 살을 찌우기 시작하며, 이듬해 봄이 올 때까지 활동하지 않는다. 정원에서 흔히 볼 수 있지만, 정원은 고슴도치에게 위험한 곳이기도 하다. 고슴도치가 동면을 하기로 한 곳에 모닥불을 피운다거나 제초제를 뿌려 피해를 입기도 하기 때문이다.

세계 어느 곳에?
고슴도치는 스칸디나비아 남부를 포함,
유럽 대부분 지역과 동쪽으로 아시아
일부 지역에 분포한다.
뉴질랜드에도 전해진 바 있다.

얼마나 클까?

감각
고슴도치는 시력이 나쁘지만 청각과 후각은 예리하다.

가시
5000~7000개의 가시가 몸 윗부분을 덮고 있다.

아랫부분
아랫부분은 진한 색깔의 털로 덮여 있다.

먹이 집기
고슴도치의 날카로운 이빨은 먹이를 물고 지탱한다.
주둥이 앞쪽에 있는 첫 번째 앞니는 송곳니를 닮았다.

고슴도치의 취약한 머리와 몸 아랫부분을 포식자의 공격으로부터 보호하기 위해 몸을 공처럼 둥글게 만다.

아드바크
Aardvark

생태 정보
무게: 40~65kg
길이: 1.7~2.2m
성 성숙: 약 2년
임신 기간: 약 7개월
새끼 수: 1마리,
젖떼기는 약 4개월 후.
먹이: 최대 30cm인 혀를
이용해서 흰개미와 개미를
먹는다. 수분을 보충하기
위해 땅돼지 오이를
먹는다.
수명: 약 10년,
사육될 때는 최대 23년.

이 특이한 포유동물의 이름은 '땅돼지'를 의미하는 아프리카 낱말로부터 유래했지만 외모와 달리 돼지와는 연관이 없다.

아드바크의 식욕은 엄청나서 단 하룻밤에 최대 50,000마리의 개미를 먹을 수 있다. 강력한 앞발톱으로 둥지를 갈갈이 찢고 자신의 길고 끈적이는 혀로 내부를 살피며 곤충들을 입 안으로 끌어당긴다. 또한 발톱을 이용하여 땅속 굴을 만드는데, 터널을 최대 13m 길이로 판다. 이 굴은 일단 버려지면 다른 많은 생물들이 거주하기도 하나 아드바크가 거기에 사는 동안에는 입구를 닫아 둔다.

세계 어느 곳에?
사하라 아래 아프리카 대부분의 지역에 걸쳐 발생하지만 아프리카의 중서부 지역들이나 아프리카의 뿔에는 살지 않는다.
덜 우거진 삼림 지역을 선호한다.

얼마나 클까?
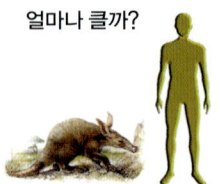

귀
높지만 상당히 호리호리한 귀는 따로따로 움직일 수 있어서 먹고 있는 동안이라도 포식자들을 감지하는데 도움이 된다.

꼬리
꼬리는 털이 없고 아래로 내려져 있으며 밑부분은 매우 넓고 끝으로 갈수록 가늘어 진다.

주둥이
원반 같은 구조를 가지고 있으며 끝 부분에 콧구멍이 있다. 입은 작다.

방어 전략
궁지에 몰리면 아드바크는 앞발과 뒷발에 있는 발톱을 휘두를 수 있도록 뒹군다.

발걸음
앞발(위)과 뒷발(아래) 구조의 차이

아프리카야생당나귀
African Wild Ass

생태 정보
무게: 230~275kg
길이: 2m,
꼬리는 최대 50㎝.
높이는 최대 1.45m
성 성숙: 2년
임신 기간: 11~12개월
새끼 수: 1마리, 젖떼기는
6~8개월에 일어난다.
먹이: 풀과 기타 식물들을
뜯어 먹고 나무껍질과
나뭇잎도 먹는다.
수명: 최대 40년

이 종은 당나귀의 야생 조상이지만 불행하게도 상당한 감소 추세를 보여 왔으며 현재는 멸종위기에 있는 것으로 간주된다.

이 야생당나귀는 아프리카의 혹독한 환경에서 살고 있어 뜨거운 낮 동안에는 휴식을 취하고 늦은 오후에 나와서 먹이를 먹고 물을 마신다. 무리들 역시 이른 아침에 이동한다. 수컷들은 똥을 영역 표시로 사용하는데 이들의 영역권 안에 들어온 어린 종마는 용인해 주고 있다. 사람들의 사냥으로 아프리카 야생당나귀는 멸종위기에 몰렸으며 이제는 겨우 500마리 정도가 야생에 남아 있다.

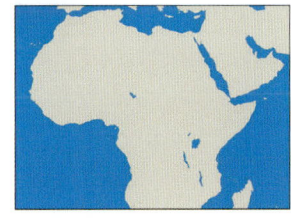

세계 어느 곳에?
아프리카 북동부, 지금은 에리트레아, 에티오피아, 소말리아에 국한되어 있다. 이전에는 서쪽과 북쪽으로 더 광범위하게 분포하여 리비아, 수단, 이집트에 이르렀다.

얼마나 클까?

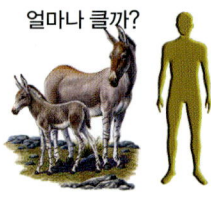

천연색
윗부분은 갈색이 섞인 회색빛이며 아랫부분은 하얗다.

귀
귀는 높아서 먼 거리의 소리를 탐지하는데 도움이 된다. 가장자리에는 검정 털이 있다.

줄무늬
목에 있는 가변적인 줄무늬는 다리에도 나타나며 이것으로 개체를 구별할 수 있다.

말굽
검정색 말굽은 튼튼하지만 보기에는 호리호리하며 다리의 너비와 일치한다.

수컷의 우세
수컷들은 뒷다리로 일어서서 뒷발로 후려갈기려들며 서로 싸운다. 갈기에서부터 이어져 내려오는 독특한 검정 줄무늬를 볼 수 있다.

푸아투 당나귀는 독특한 프랑스 품종으로 길고 텁수룩한 갈색 털을 가지고 있으며 등에 줄무늬가 없다.

무스탕(아메리카산 작은야생마)
Mustang

생태 정보
무게: 보통 317~362kg
각 혈통에 따라 다르다.
길이: 다양하며 대략
2.1m 정도. 꼬리는 60cm
높이는 122~173cm.
성 성숙: 2년
임신 기간: 11~12개월
새끼 수: 1마리, 약 8개월
되었을 때 젖을 뗀다.
먹이: 풀이나 기타 식물,
나무껍질, 나뭇잎을
뜯어 먹는다.
수명: 20년까지.

무스탕의 무리는 미국 서부의 상징이 되어 왔다. 하지만 이들의 선조 때문에 길들여진 말들과 별개의 종으로 여겨지지 않는다.

약 12,000년 전에 북아메리카에 야생마들이 살았지만 불분명한 이유로 인해 멸종되었다가 약 600년 전, 유럽의 탐험가들이 이 대륙에 말을 다시 들여왔다. 시간이 지남에 따라 몇몇은 탈출하여 독립적인 무리를 형성했다. 그러므로 길들여진 상태에서 다시 야생에서 살도록 격세 유전되었다. 1900년까지 약 200만 마리의 무스탕이 북아메리카에 있었는데, 종종 잡혀서 팔려, 오늘날에는 약 33,000마리만 존재한다.

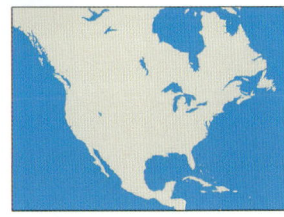

세계 어느 곳에?
오늘날 대부분의 무스탕은 네바다 주에 서식하고, 나머지는 몬태나 주, 와이오밍 주, 오리건 주 그리고 몇몇은 캐나다의 앨버타 주와 브리티쉬 컬럼비아 주에 보이기도 한다.

얼마나 클까?

갈기
뒷머리에서부터 목을 지나 어깨까지 늘어져 있다.

천연색
색은 가변적인 특색으로 혈통에 영향을 받는다.

굽
땅을 달림으로써 바깥쪽이 마모된다.

꼬리
기다란 꼬리는 파리를 쫓아내는 데 사용된다.

시야각
눈의 위치 덕에 매우 시계가 좋으며, 위험을 경계한다.

독특한 반점
북미 원주민들은 매력적인 색의 말들을 선호했다.
색이 있는 부분과 흰색 부분의 무늬가 있는 얼룩말(Pinto).

길들여진말
Domestic Horse

생태 정보
무게: 종에 따라 27~1520kg
길이: 43~220cm
성 성숙: 2년, 하지만 3년이 되어서야 새끼를 낳는다.
임신 기간: 335~340일
새끼 수: 1마리, 쌍둥이는 희귀하고 정상적으로 독자 생존할 수 없다. 약8개월에 젖을 뗀다.
먹이: 풀이나 기타 식물, 나무껍질, 나뭇잎을 먹는다.
수명: 25~30년, 50년까지도 살 수 있다.

길들여진말의 가장 눈에 띄는 특징 중 하나는 키이다. 키는 핸드(말의 키를 재는 단위)로 측정되며, 1핸드는 10cm에 해당된다.

비록 야생마의 살아남은 종이 하나이지만, DNA 실험은 4종류의 야생마 혈통이 길들여진말의 조상에 영향을 미쳤다고 하며 현재 약 300 혈통이 존재한다. 이러한 것들 중에 순종의 경우는 속도와 모든 종들 중 가장 키 큰 종인 Shire 종(마차를 끄는 크고 튼튼한 말)과 같은 그들의 힘을 모두 발달시켰다.

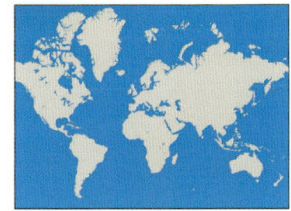

세계 어느 곳에?
비록 아프리카에는 다른 곳에서보다 덜 보이지만 세계 전역에 분포되어 있다. 처음에 유럽과 아시아에서 광범위하게 살던 야생마로부터 길들여졌다.

얼마나 클까?

콧구멍
넓은 콧구멍은 말이 달릴 때 가쁜 숨의 호흡을 도와준다.

천연색
갈색과 검은색 색조가 흔하지만 종종 흰색 부위들도 있다.

치아
앞니는 식물성을 씹기에 아주 적합하며 아프게 물 수도 있다.

굽
말은 한 개의 발가락이 있는데, 확장되어 굽을 형성한다.

귀는 말의 기분을 나타낸다.
차례대로 경계 : 예민한 :
짜증난 : 자신 없는

움직임의 속도
말은 걷기, 빠른 걸음, 보통 구보, 전속력으로 달리기라는 일련의 공인된 '속도'가 정해져 있다.

21

티베트야생당나귀
Kiang Tibetan Ass

생태 정보
무게: 250~400kg
길이: 2.1m,
꼬리는 최대 50cm,
높이는 최대 140cm
성 성숙: 1~2년
임신 기간: 11~12개월
새끼 수: 1마리,
약 12개월에 젖을 뗀다.
먹이: 풀이나 초원에서
낮게 자라는 다른 식물들을
뜯어 먹는다.
수명: 20년까지

티베트야생당나귀는 야생당나귀 중 가장 크다. 지구상에서 가장 접근하기 어려운 지형을 가진 곳에 거주하며 최대 400마리 정도로 이루어진 무리 생활을 한다.

Kiang이라는 이름은 티베트 원주민들이 묘사한 말에서 왔다. 그들은 밀접하게 구조화된 무리를 이루어 살며 좀 더 나이 든 암컷이 이끈다. 수컷은 혼자서 사는 경향이 있으나, 더 젊은 수컷은 겨울 동안 무리를 형성한다. 짝짓기는 먹을 것이 가장 풍성한 늦은 여름에 하는데 임신한 암컷은 이 단계에서 무리와 떨어져 혼자 지내며 출산한다. 새끼는 곧 뛸 수 있고 몇 주 후에 무리에 다시 합류한다.

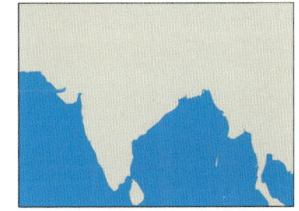

세계 어느 곳에?
고도 4000~7000m의 외딴 산악지 초원지대인 아시아의 티베트 고원에 산다. 또한 티베트의 국경을 따라 있는 네팔의 북쪽에서도 발견된다.

얼마나 클까?

갈기
짧고 진한 갈색의 갈기가 수직으로 서 있다.

천연색
윗부분은 적갈색이며 흰색인 아랫부분과 엉덩이가 뚜렷이 구분된다.

귀
귀가 크고 움직인다.

못
말 과의 모든 동물은 앞다리 안쪽 무릎 윗부분에 이 거친 부분을 가지고 있다. 이것은 퇴화된 손가락의 남겨진 흔적이라고 생각된다.

공격 막기
늑대들이 이 당나귀들을 위협하는 주된 유일한 포식자이다. 당나귀들은 뒷다리로 차면서 스스로를 보호한다.

말과는 달리 이 당나귀들은 서로서로의 털을 다듬어 주면서 시간을 보내지 않는다.

그랜트얼룩말
Burchell's Zebra

생태 정보
무게: 약 350kg
수컷이 더 크다.
길이: 2.5m,
어깨 높이 최대 140cm
성 성숙: 2~4년
임신 기간: 12~13개월
새끼 수: 1마리
약 12개월에 젖을 뗀다.
먹이: 풀이나 초원에서 낮게 자라는 다른 식물을 뜯어 먹는다.
수명: 20~25년,
사육될 경우 최대 40년

각각의 얼룩말은 구별되는 개별적인 무늬가 있어서 무리의 구성원을 멀리서도 서로 알아볼 수 있다고 믿어진다.

천성적으로 사회적인 이 얼룩말들은 작은 규모의 무리로 볼 수 있는데, 한 마리의 수컷과 여러 명의 암컷들 그리고 새끼들로 이루어졌다. 하지만 어린 수컷은 일시적으로 무리지어 살다가 성숙함에 따라 따로 나와 다른 무리로부터 어린 암컷들을 선택하여 자신의 하렘(번식을 위해 한 마리의 수컷을 공유하는 암컷들)을 형성한다. 각 성체들의 무리는 또한 우성의 암컷을 한 마리씩 소유한다. 얼룩말이 영양이나 타조와 같은 다른 초원동물들과 어울리는 것은 좀 더 효과적으로 포식자들을 방어하는 데 도움이 된다.

세계 어느 곳에?
아프리카 동부, 수단과 에티오피아의 일부 지역들로부터 남쪽으로 케냐, 탄자니아, 우간다, 잠비아, 짐바브웨, 앙골라, 보츠와나를 거쳐 남아프리카 북부까지 분포한다.

얼마나 클까?

갈기
갈기는 똑바로 서 있으며 줄무늬가 털 전체로 이어진다.

어두운 줄무늬
이 무늬는 굉장히 독특하다. 몸의 바탕색은 순수한 흰색이 아니다.

다리 줄무늬
이 특별한 품종의 다리는 대체적으로 줄무늬가 없다.

자기방어
얼룩말은 하이에나와 같은 포식자들에게 무방비한 것처럼 보인다. 하지만 뒷다리로 치명적인 세기로 가격할 수 있다.

이 얼룩말들의 얼굴무늬 조차도 개별적이다.

25

흰코뿔소
White Rhinoceros

생태 정보
무게: 1800~2700kg
수컷이 좀 더 크다.
길이: 3.3~4.2m,
어깨 높이 최대 185cm
성 성숙: 암컷 6~7년,
수컷 10~12년
임신 기간: 16~18개월
새끼 수: 1마리
약 12개월에 젖을 뗀다.
먹이: 풀이나 초원에서
낮게 자라는 다른 식물을
뜯어 먹는다.
수명: 45세까지

뚜렷이 구별되는 두 개체군-북부와 남부-이 알려져 있지만, 북부 개체군은 이제 멸종의 공포에 사로잡혀 있으며 2006년 이래로 야생에서 눈에 띄지 않는다.

많은 흰코뿔소들은 보호되고 있음에도 불구하고 뿔 때문에 최근까지 도살당하고 있다. 동양 의학에서 인기가 있는 흰코뿔소의 뿔은 단순히 사람의 머리카락에도 존재하는 캐라틴으로 구성되어 있을 뿐이다.

수컷 코뿔소는 선천적으로 텃세가 강해서 뿔을 이용해 싸움을 하는 반면, 암컷은 같은 방법으로 새끼를 보호한다. 이 거대한 초식동물들은 시력이 아주 나빠서 주로 후각에 의존한다.

세계 어느 곳에?
북부의 아종이 수단의 일부, 우간다, 차드, 중앙아프리카공화국 그리고 콩고민주공화국에 존재했다. 남부 품종은 케냐, 우간다, 짐바브웨 그리고 남아프리카에 존재한다.

얼마나 클까?

뿔
두 개의 뿔 가운데
앞쪽의 뿔이 길다.

천연색
이 코뿔소들의 피부는
털이 거의 없으며 회색이다.

입
이 종은 넓은 입 때문에
입술이 넓은 코뿔소로도 알려져 있다.

발가락
각 발에 세 개의 발가락을
가지고 있는 유제류이다.

물의 아이들
코뿔소들은 자주 진흙 속에서 몸을 뒹군다.
이러한 행동은 곤충들로부터 보호해 주어
피부를 건강한 상태로 유지해 준다.

코뿔소는 눈이 매우 작다.
그러나 귀를 돌려 소리를
잘 감지할 수 있다.

인도코뿔소
Indian Rhinoceros

생태 정보

무게: 1800~2700kg
수컷이 좀 더 크다.
길이: 3.3~4.2m,
어깨 높이 최대 185cm
성 성숙: 암컷 5~6년,
수컷 9년
임신 기간: 16~18개월,
암컷은 3년마다 한 번씩
새끼를 낳는다.
새끼 수: 1마리
약 18개월에 젖을 뗀다.
먹이: 풀, 나뭇잎, 나뭇가지,
수생 식물을 뜯어 먹는다.
수명: 45세까지

인도코뿔소는 아시아의 세 종류의 코뿔소 중에서 가장 크다. 독특한 외모 가운데서도 수컷의 목주름은 성숙해 가면서 발달하게 된다.

코뿔소들은 물건을 잡기 쉬운 입술을 사용하여 식물을 뜯는다. 이 특별한 종은 키 큰 풀이 있는 초원과 개방된 숲에 사는데, 이런 곳은 코뿔소의 몸을 숨기는 데 도움이 된다. 하지만 밀렵꾼들은 코뿔소의 똥 누는 장소를 이용하여 위치를 찾아낸다. 비록 개체 수가 감소되었지만, 남아 있는 분포범위 도처에서 엄격한 보호 덕분에 다시 증가하고 있다. 인도코뿔소는 시속 최대 56km의 속도로 놀랍도록 빨리 움직일 수 있다.

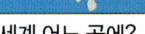

세계 어느 곳에?
예전에는 서식지가 파키스탄에서부터 동쪽으로, 아마도 중국까지 확장되었다. 그러나 현재는 히말라야 고원에 있는 네팔과 북동부 인도에 국한되어 있다.

얼마나 클까?

뿔
비교적 짧은 한 개의 뿔이
머리 위에 있다.

피부
털이 없는 피부는 갈색을 띤 회색이다.
피부는 마치 리벳에 의해 연결된 것처럼 보이는
연속된 판으로 이루어져 있다.

다리와 발
다리는 뭉툭하고
발마다 세 개의 발가락이 있다.

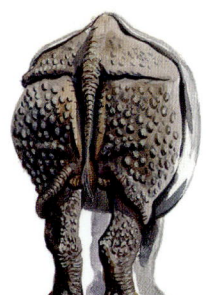

일련의 이랑들이
등뿐만 아니라
몸의 옆에도 덮여 있다.

방어전략
어른 인도코뿔소는 공격당하지 않겠지만,
새끼들은 호랑이에게 취약할 수 있다.
암컷은 반복적으로 공격하여
새끼를 방어할 것이다.

29

말레이맥
Malayan Tapir

생태 정보
무게: 250~300kg;
수컷이 더 크다.
길이: 1.9~2.5m;
어깨 높이 최대 105cm
성 성숙: 2.5~3.5년
임신 기간: 390~400일
새끼는 주로 갈색 털이다.
새끼 수: 1마리,
6~8개월 때 젖을 뗀다.
먹이: 풀이나 수생 식물,
가지, 잎, 과일도 먹는다.
수명: 30년까지

말레이맥은 숲에 사는 동물이며 대게 물가 근처에 산다.
선천적으로 야행성일 뿐만 아니라 겁이 많아 관찰하기 어렵다.

말레이맥은 자신의 영역 내에 같은 길을 따라다니는 것으로 보인다. 가파른 산길도 잘 넘어다니며 우기 동안 산길을 따라 멀리까지 이동한다. 또한 수영도 잘하는데 이들의 발자국으로 보아 강으로 걸어 들어간 특정한 지점이 있음을 보여준다. 자주 물에서 뒹굴고 수생식물을 먹고 산다. 큰 고양이들의 공격에 취약하며 겁을 먹으면 재빠르게 달아난다.

세계 어느 곳에?
동남아시아, 미얀마(버마), 캄보디아, 베트남, 라오스, 태국, 말레이시아에 분포한다. 또한 수마트라 남동부와 중부에도 나타난다.

얼마나 클까?

코
길고, 물건을 잡을 수 있는
코 덕분에 필요시
먹이를 뽑아낼 수 있다.

천연색
털은 독특한 검정색과
하얀색 무늬로 되어 있다.

발굽
발톱은 발굽의 양쪽에 있는
다리 위에 높이 있다.

꼬리
꼬리가 매우 짧으며
엉덩이 주위에
동그랗게 말려 있다.

만나기
맥은 선천적으로 혼자 있기를
좋아한다. 그러나 최근의 연구에서
생각했던 것보다 더 사회적일
것이라는 사실이 드러났다.

뜯어먹는 기술
말레이맥은 자신들의 키와
원시적인 코끼리 코같이 생긴 코를
함께 이용하여 나뭇가지의 잎을
뜯어먹을 수 있다.

필리핀날원숭이
Colugo

생태 정보
무게: 1~2kg
길이: 55~65cm
성 성숙: 약 3년
임신 기간: 60일.
새끼는 미성숙한 상태로 태어난다.
새끼 수: 1마리.
6개월부터 젖을 뗀다.
먹이: 초식성으로, 잎과 꽃을 주로 먹으며, 수액도 먹는다. 과일을 먹기도 한다.
수명: 최장 15년

나무 위에 사는 포유동물인 필리핀날원숭이의 학명은 문자 그대로 '개의 머리' 라는 뜻으로, 얼굴 생김새를 묘사한다.
나무에서 나무로 먼 거리를 활공할 수 있다.

세계 어느 곳에?
아시아 동부 해안에서 떨어진 필리핀의 열대우림과 민다나오 섬, 사마르섬, 바실란 섬, 보홀섬, 레이테섬에서 발견된다.

필리핀날원숭이는 활공 능력이나 야행성인 점으로 인해 박쥐와 밀접하게 연관되었을 것이라고 추측했었다. 그러나 오늘날 필리핀날원숭이는 영장류와 가장 가까운 동물이라고 여겨지고 있다. 하지만 번식 습성에 있어서는 유대목 동물의 모습이 연상된다.

새끼는 태어났을 때 무게가 겨우 35g 밖에 되지 않으며 매우 천천히 자라서, 성인 크기가 되려면 2~3년이 걸린다. 암컷은 새끼를 몸 아랫면에 6개월 동안 안고 다닌다.

얼마나 클까?

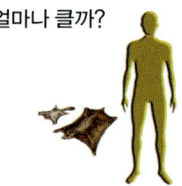

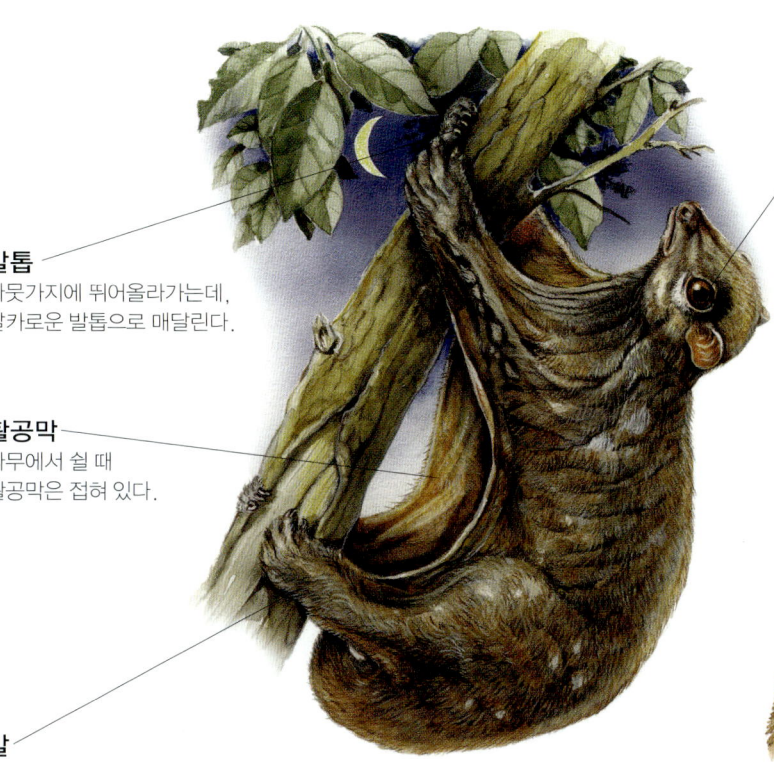

눈
예리한 시력은 나무에서 다른 나무로 안전하게 착륙하도록 돕는다.

발톱
나뭇가지에 뛰어올라가는데, 날카로운 발톱으로 매달린다.

활공막
나무에서 쉴 때 활공막은 접혀 있다.

이빨
앞니는 빗처럼 생겼다. 각 이빨마다 무려 20개의 선이 있다.

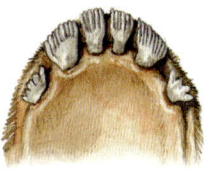

발
인간의 엄지에 해당하는 발가락이 없기 때문에 필리핀날원숭이에게 기어오르는 것은 어려운 일이다.

활공 능력
필리핀날원숭이는 아주 넓은 활공막을 사용해서 70m까지 날아갈 수 있다. 활공막은 몸의 양측면을 따라 이어져 내려온다.

박쥐와 다르게, 필리핀날원숭이의 활공막은 발가락 사이사이까지 이어져 있다.

33

오리너구리
Duck-Billed Platypus

생태 정보
무게: 0.7~2.4kg,
수컷이 더 크다.
길이: 43~50cm
성 성숙: 2년
임신 기간: 알은 체내에서
28일 동안 자라고,
10일 동안 품어진다.
새끼 수: 1~3마리.
약 4개월이 되면 알을 품는
굴에서 나온다.
먹이: 식충성. 보통 벌레,
새우, 가재를 먹고 산다.
수명: 최대 11년,
사육되어 17년

오리너구리가 1798년 처음 유럽에 알려졌을 때, 신기하게 생긴 외모 때문에 조작된 게 아닐까 여겨지기도 했다.

오리너구리의 독특한 점 가운데 하나가 바로 알을 낳는 포유동물이라는 사실이다. 오리너구리의 발견 이후 거의 1세기가 지나서야 이들의 생식 방식이 확인되었다. 이 종의 또 다른 이상한 점은 부리에 감각 수신기가 있어 물속에서 전기수용으로 살아있는 먹잇감의 위치를 알아낸다.

세계 어느 곳에?
오스트레일리아에 국한되어 있고 대륙 동쪽의 적합한 물줄기를 따라 발생한다. 퀸즐랜드 주 동부에서부터 남쪽으로 빅토리아 주까지 분포하고 또한 태즈메이니아에도 나타난다.

얼마나 클까?

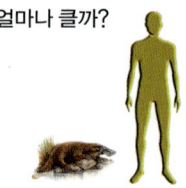

부리
질감이 고무 같은 부리는 먹이를 찾기 위해
물속을 파헤치는데 사용된다.

빽빽한 털
털은 몸 옆에 공기를 가둬
오리너구리를 따뜻하게 유지한다.

꼬리
넓고 편평한 꼬리는
오리너구리가 물속에서
나아가는데 도움을 준다.

번식 활동
암컷은 둥글게 몸을 말아 알을 품는다.
새끼들은 부화했을 때 눈을 감고 있고 털이 없다.

앞 발톱들은
물갈퀴로 덮여 있다.

짧은부리바늘두더지
Short-Beaked Echidna

생태 정보
무게: 2~5kg
길이: 30~45cm
성 성숙: 아마도 5년, 하지만 12년이 되어서야 새끼를 낳는다.
임신 기간: 알은 체내에서 21~28일 동안 자라고 암컷이 알을 품는다. 10일 후에 부화한다.
새끼 수: 1마리. 젖떼기는 6개월 후에 일어난다.
먹이: 식충성. 개미와 흰개미를 먹고 산다.
수명: 최대 45년

이 원시 포유류의 체온은 겨우 30℃인데 땀 분비선이 없고 숨을 헐떡이지 않기 때문에 체온을 조절하는데 어려움을 겪는다.

암컷 바늘두더지는 고무 같은 알을 배의 밑면에 있는 주머니에 가지고 다닌다. 퍼글(puggle)이라고 불리는 새끼는 굴에서 길러진다. 새끼는 태어났을 때 약 1.5cm이고 태어난 후에 젖꼭지를 빠는 게 아니라 풍부한 젖을 분비하는 피부의 한 부분을 빨아 먹는다. 그래서 암컷 바늘두더지는 최대 10일 동안 새끼를 혼자 둘 수 있다. 젖은 철분 성분 때문에 분홍색이다.

세계 어느 곳에?
뉴기니 남서부와 태즈메이니아를 포함한 오스트레일리아 전역의 해안가와 고지대에 살고 있다. 오스트레일리아 대륙에 가장 널리 분포하는 토산 포유동물이다.

얼마나 클까?

주둥이
주둥이는 7.5cm이고 끝에 있는 아주 작은 입은 0.5cm밖에 안 열린다.

털
날카로운 가시 사이에 있는 털은 몸을 단열해 준다.

척추
척추는 포유동물들 중에서 가장 짧아 실제로 흉부에서 끝난다.

다리
짧고 날카로운 발톱이 있는 다리 덕분에 재빨리 스스로를 묻을 수 있다.

만나기
천성적으로 단독생활을 하는 바늘두더지는 짝짓기 시기에 체취를 내뿜는데, 무려 10마리나 되는 수컷들이 한 마리의 암컷과 짝짓기를 위해 경쟁한다.

땅 속으로 사라지기
바늘두더쥐는 몸의 아랫면이 털로 덮여 있어 위험을 피하기 위해 재빨리 땅을 파는데 가시들은 노출된 채 둔다.

바늘두더지는 발톱으로 자신을 방어하거나 굴러서 공 모양으로 만들 수 있다.

갯첨서
Eurasian Water Shrew

생태 정보
무게: 약 15g
길이: 전체적으로 17.5cm, 꼬리는 몸길이의 약 3/4
성 성숙: 3.5개월
임신 기간: 20일, 일 년에 한 배의 새끼 2~3회. 풀로 된 둥지에서 태어난다.
새끼 수: 평균 5~6마리, 3~12 마리 사이에 가변적. 젖떼기는 42일에 일어난다.
먹이: 물이나 땅에서 잡힌 무척추동물들. 작은 물고기도 사냥한다.
수명: 최대 18개월

이 작은 포유동물은 독특하게도 사람들에게는 위험이 없는, 먹잇감을 제압하는데 사용되는 독침이 있다.

이 뾰족뒤쥐의 특이한 점이라면 이빨이 빨간색이다. 이것은 이빨을 튼튼하게 하는데 도움이 되는 철 침적물 때문이다.

갯첨서는 굴에 살며 뚜렷한 영역에 거주한다. 낮 동안에는 몸을 숨기고 어둠을 틈타 나온다. 높은 신진대사율 덕에 엄청난 식욕을 가졌으며 자신들의 몸무게의 절반 정도를 매일 먹어야 한다.

맹금류를 포함한 많은 포식자들에게 취약하다.

세계 어느 곳에?
유럽 북부의 대부분의 지역을 거쳐 태평양 연안에 이르는 아시아까지, 남쪽으로는 북한까지 분포한다. 담수 가까운 곳에서 발견된다.

얼마나 클까?

털
털 안에 공기가 갇혀 있어서 뾰족뒤쥐에게 부력을 제공하지만 잠수는 어렵게 만든다.

천연색
윗부분은 매우 어둡고 아랫부분은 하얗다.

머리
주둥이는 매우 길고 코끝은 분홍색이다.

눈과 귀
눈은 매우 작고 귀도 그렇다. 귀는 주로 털로 숨겨져 있다.

헤엄치기
짧고 뻣뻣한 털들이 꼬리 아랫면과 발에 나타나며 뾰족뒤쥐가 좀 더 수월하게 헤엄치는데 도움이 된다.

유라시아뒤쥐
Eurasian Shrew

생태 정보
무게: 5~14g
길이: 전체적으로 7.2~12.4cm, 꼬리는 몸길이의 절반 정도.
성 성숙: 3.5개월, 일찍 태어난 새끼들은 그들이 태어난 그 해에 새끼를 낳기도 한다.
임신 기간: 24일, 일 년에 한 배의 새끼 1~4회
새끼 수: 6~7마리, 젖떼기는 약 23일에 일어난다.
먹이: 다양한 지생 무척추동물들, 지렁이와 민달팽이를 포함한다.
수명: 최대 19개월

유라시아뒤쥐는 숨을 곳을 제공하는 낮게 자라는 초목이 있는 곳이면 거의 어디에서든지 발견되는데 심지어 고속도로 옆에서도 발견되는 가장 흔한 유럽뒤쥐이다.

세계 어느 곳에?
유럽 북부 대부분의 지역을 거쳐 아래로 피레네 산맥까지 발생하나 아일랜드에는 없다. 동쪽으로 아시아, 시베리아의 바이칼 호수 인근까지 확장된다.

이 뒤쥐는 매우 활동적인 생물로 매 2시간마다, 거의 끊임없이 먹이를 찾는다. 살아남기 위해 매일 자신의 몸무게에 달하는 먹이를 소모해야 한다. 작은 몸에 충분한 체지방을 저장할 수 없기 때문에 동면을 할 수도 없어 겨울 동안에는 먹이를 구하기가 훨씬 더 힘들어진다.
새끼들이 처음 둥지를 떠날 때, 이들은 소위 캐러밴을 형성하는데 각자 앞에 있는 뒤쥐의 꼬리를 잡고 있다.

얼마나 클까?

천연색
윗부분은 진한 갈색 빛이 도는 회색이며 벨벳 같은 질감이다. 아랫부분은 회색이다.

꼬리
꼬리는 다리보다 더 두껍고 끝으로 갈수록 눈에 띄게 가늘어지지는 않는다.

이동 중
발가락들을 쫙 벌리고 최대 3m까지 기어오를 수 있다.

코
코는 길고 뾰족하며 민감하여 먹잇감의 위치를 찾기 위해 끊임없이 움직이고 있다.

헤엄치기
유라시아뒤쥐는 헤엄치는 능력 덕분에 광범위한 지역에 퍼져나가 이들의 분포 범위 전역의 다양한 연안의 섬들에 서식할 수 있었다.

위턱에는 32개의 이빨이 있으나 아래턱에는 12개 밖에 없다.

41

유럽두더지
European Mole

생태 정보
무게: 72~128g,
수컷이 약간 더 크다.
길이: 전체적으로 14~20cm,
꼬리는 몸길이의 1/4 정도
성 성숙: 약 1년
임신 기간: 33일, 일 년에
한 배의 새끼를 낳으며
3월~5월 사이에 낳는다.
새끼 수: 2~7마리,
평균 3마리.
젖떼기는 30일에 일어난다.
먹이: 무척추동물들을 먹으나
때때로 생쥐를 먹기도 한다.
수명: 최대 5년

유럽두더지는 좀처럼 보이지 않는다. 그러나 이들이 머무는 지역 전체에서 발견되는 흙더미로 존재를 확인할 수 있다.

두더지는 땅 속에 쉽게 굴을 팔 수 있는 다양한 환경에서 발견된다. 하지만 환영받기보다는 농지나 정원 같은 지역에서는 여러 더미의 흙 두둑을 만드는 유럽두더지를 사냥하기도 한다. 두더지는 흔히 얕은 굴을 짓지만 땅 위로는 거의 나오지 않는다. 그러나 봄에, 수컷은 밤에 짝을 찾아 육로로 향한다.

세계 어느 곳에?
유럽의 온화한 지역들에서 발생하나 아일랜드와 이탈리아 같은 남부 지역들에는 없다. 동쪽으로 러시아, 오비 강과 이르티시 강까지 확장된다.

얼마나 클까?

털
털은 짧고 검정색이며
벨벳 같은 질감이다.
코에만 털이 없는 대신
감각 수염이 있다.

눈
눈은 지하 굴에 사는 종에게 어울리게
작고 눈에 띄지 않는다.

앞다리
크고 삽같이 생긴 앞다리는
바깥쪽을 향해 있고
다섯 개의 발톱이 있다.

몸
몸은 원통형으로 터널 속에서
움직이는데 도움이 된다.

두더지가 파 놓은 흙 두둑
두더지는 벌레를 찾으면서
터널을 파는데 간간이
흙을 밀어 올린다.

터널 체계
두더지의 지하 굴은 아주 넓어서
암컷은 이들의 터널 체계 안에
새끼를 낳아 아늑한 둥지를 만든다.

케이프바위너구리
Cape Hyrax

생태 정보
무게: 1.8~5.4kg
길이: 44~54cm
성 성숙: 16개월 후
임신 기간: 210~235일
새끼 수: 1~4마리.
같은 무리에 있는 암컷들은 3주 안에 새끼를 동시에 낳는다. 70일 후에 젖을 뗀다.
먹이: 초식성, 주로 풀을 뜯어 먹는다.
수명: 최장 12년.
암컷이 수컷보다 오래 산다.

케이프바위너구리는 설치류 과의 동물과 비슷하게 생겼지만, 실제로는 덩치가 큰 조상으로부터 내려와 코끼리와 더 가까운 관계다.

케이프바위너구리는 최대 7마리의 동족 암컷이 무리를 지어 산다. 이들은 다른 포유류만큼 체온을 효과적으로 조절하지 못하기 때문에 함께 옹송그리고 모여 따뜻함을 유지하거나 햇볕을 쪼여 체온을 높이기도 한다. 수컷은 텃세가 강하고, 다른 바위너구리 과 동물들과 마찬가지로 고환이 몸 안에 있다.

세계 어느 곳에?
바위가 많은 지역에 살며, 아프리카 대부분의 지역에 나타난다. 특히 사하라 사막과 나미브 사막의 산악 지역에 살고 있으며, 동쪽으로는 아라비아 반도까지 퍼져 있다.

얼마나 클까?

이빨
앞니는 크게 자라서
작은 엄니로 발달되었는데,
아랫입술 위로 튀어나와 있다.

천연색
둥근 귀는 낮게 붙어 있고,
코는 검정색이다.
눈은 짙은 색으로,
옅은 색 털로 둘러싸여 있다.

털
몸 전체에 무작위로
긴 털이 나 있는데,
수염과 비슷하게 생겼으며
유사한 감각 기능을
가지고 있다.

뒷발
뒷발 안쪽에는
날카로운 발톱이 나 있다.

머리 위의 위험
바위가 많은 지역에 사는 케이프바위너구리는
기어오르기를 반드시 잘 해야 한다. 이들은
머리 위에 날아다니는 맹금류로부터
공격받기 쉽다.

케이프바위너구리는
매우 독특한 갈색 향선이
등에 나 있다.

긴귀밴디쿠트
Greater Bilby

생태 정보
무게: 0.9~2.3g, 수컷이 약간 더 크다.
길이: 51~91cm, 꼬리는 몸길이의 3/4이다.
성 성숙: 암컷은 6개월, 수컷은 8개월
임신 기간: 13~16일
새끼 수: 1~2마리, 때때로 3마리. 새끼는 주머니 안에서 75일을 보내고 90일 후에는 독립한다.
먹이: 무척추동물들, 구근, 씨앗, 특히 야생 양파 (bush onion)
수명: 5~7년

이 종은 밴디쿠트라 불리는 포유류 군 중에서 가장 크다. 오스트레일리아에서는 코 색깔 때문에 핑키(pinkie)라고도 불린다.

긴귀밴디쿠트의 분포 범위는 토양의 영향을 직접적으로 받는다. 그들의 굴을 뚫는 습성 때문이다. 긴귀밴디쿠트는 종종 초지에서 발견되는데, 초지에서는 이들이 비교적 쉽게 굴을 팔 수 있다. 지하 은신처는 뜨거운 태양으로부터의 피신처이자 포식자들로부터의 도피처를 제공해 준다. 그러나 이것은 일시적인 거처일 뿐이며, 먹이가 부족해지면 이동해서 새로운 거처를 만든다.
긴귀밴디쿠트는 혼자, 또는 때때로 암수 쌍으로 살며 걸을 때 발을 질질 끌며 천천히 걷는다.

세계 어느 곳에?
분포 범위는 지난 백 년 동안 감소해 왔는데, 부분적으로는 고양이의 포식 때문이다. 지금은 웨스턴 오스트레일리아, 노던 테리토리, 퀸즐랜드 남서부 지역에 국한되어 있다.

얼마나 클까?

꼬리
줄무늬 모양의 꼬리는
맨 아래 부분은 회색이고
가운데는 검정색,
끝 부분은 흰색이다.

터널 뚫기
나선형 터널은 지면에서
약 1.5m 아래 있는
잠자는 방으로 통한다.

귀
시력이 나쁘기 때문에,
길고 뾰족한 귀가
잘 듣는데 도움이 된다.

털 다듬기
뒷발의 발톱들은
털을 다듬는데 쓰인다.

코
코는 분홍색이고 눈에
띄는 수염이 있다.

잠자기
이 밴디쿠트는 주둥이를 앞발 사이에 두고
귀로 눈을 가린 채 잔다.

앞 발가락들은(왼쪽) 크기가 비슷한 반면,
뒷발에는(오른쪽) 크게 부풀어오른
발가락이 한 개씩 있다.

텐렉
Common Tenrec

생태 정보
무게: 1.5~2.5kg
길이: 26~39cm
이 종은 꼬리 없는 텐렉이라 불리지만, 1cm의 짧은 꼬리를 가지고 있다.
성 성숙: 1년
임신 기간: 50~60일
새끼 수: 보통 10~12 마리.
먹이: 숲의 바닥에서 무척추동물들을 사냥한다. 개구리, 그리고 생쥐 같은 작은 설치류들도 잡아먹는다.
수명: 3~6년

텐렉은 뾰족한 얼굴과 긴 가시털 때문에 다소 뾰족뒤쥐와 고슴도치의 조합처럼 보인다.

이 종은 원시 포유동물 과 중 가장 큰 동물이다. 먹이 때문에 종종 식충동물로 묘사된다. 텐렉은 광범위한 서식지에서 발견되고 선천적으로 주로 야행성이다. 바위나 통나무 아래 숨겨져 있는 풀과 초목들로 둥지를 짓는다. 공격을 받으면, 목 주변의 눈에 띄는 가시털을 세우고 자신을 보호하기 위해 상대에게 뛰어올라 물고 괴성을 지른다.

세계 어느 곳에?
아프리가 남서쪽 해안에서 떨어진 다양한 군도에서 발견된다. 마다가스카르, 레위니옹, 세이셸 제도, 모리셔스, 코모로를 포함한다.

얼마나 클까?

귀
작고 끝부분이 둥글다.
상당히 자유롭게 움직인다.

코
텐렉은 자유롭게 움직이며
매우 민감한 코로
땅 위에 있는 먹잇감이
나뭇잎들로 숨겨져 있다 해도
정확한 위치를 찾아내게 해 준다.

눈
눈은 야행성 본성을 나타내듯
비교적 작다.

털
털은 거칠고 머리 부분이 가장 짧다.
포식자로부터 보호해 주는 가시털과
섞여 있으며 회색에서 붉은 회색까지
다양하다.

어미와 새끼
새끼 텐렉은 검정색과 흰색의 줄무늬 털이 있어
다 자란 것들과 외모가 다르다.

공격적인 자세

낸시마올빼미원숭이
Nancy Ma's Night Monkey

생태 정보
무게: 약 780g
길이: 72cm,
높이는 최대 35cm
성 성숙: 2년
임신 기간: 133일
새끼 수: 1마리,
6~8개월 뒤에 젖을 뗀다.
먹이: 잡식성이다. 과일,
초목, 무척추동물들을 먹고
알과 작은 새도 먹는다.
수명: 사육되어 최대 20년

1983년까지, 올빼미원숭이는 오직 한 종만 있을 것이란 의견이 지배적이었지만, 유전자 검사를 통해 실제로 8개의 다른 종들이 존재하고 있다는 것이 밝혀졌다.

이 영장류는 원숭이 그룹에서 유일한 야행성이며, 황혼 직후에 굴에서 나와 동이 트기 전에 돌아간다. 이들은 그룹으로 식량을 구하고 나무 열매들을 찾아다니며, 놀라운 반사 작용이 있어 나방과 같은 밤에 날아다니는 곤충들을 비행 중에 잡을 수 있다. 또한 최대 4m의 거리를 안전하게 점프할 수 있다. 숲 덮개의 윗부분에서 시간을 보내므로, 맹금류 말고는 포식자들을 거의 만나지 않는다.

세계 어느 곳에?
남아메리카의 아마존 남쪽에서 발견된다. 페루와 브라질 사이의 국경 지대에 국한되고 북부의 마라뇽에서 남쪽으로 주루 강까지 확장된다.

얼마나 클까?

얼굴 모양
평평한 얼굴을 가졌으며 올빼미처럼 눈 주위에 디스크 모양으로 흰색 털이 나 있다.

강화된 야행성 시야
상대적으로 구면렌즈이고 이미지가 형성되는 망막에 보다 많은 간세포가 있는 큰 눈을 가지고 있어서 야간에도 시야가 넓다.

손과 발
이 종은 매우 민첩하고, 나뭇가지를 안전하게 잡을 수 있다.

꼬리
긴 꼬리는 떨어지지 않게 균형을 잡도록 돕는다.

먹을 수 있는 기회들
새는 낮보다 밤에 둥지에서 나와 쉽게 잡히게 된다.

안전하게 움직이기
올빼미원숭이들은 네발짐승으로서, 네 발 모두로 나뭇가지를 따라 이동하며, 균형을 유지하도록 돕는다.

검은거미원숭이
Red-Faced Black Spider Monkey

생태 정보
무게: 9.7~10.8kg,
수컷이 약간 더 무겁다.
길이: 약 55cm
성 성숙: 2년 후부터
임신 기간: 133일
새끼 수: 1마리.
6~8개월 후에 젖을 뗀다.
먹이: 주로 과일을 먹는다.
꽃, 잎, 나무껍질과 꿀도
먹는다.
수명: 최대 33년

팔다리가 날씬한 이 원숭이는 그들의 종에서 가장 클 뿐만 아니라, 세계의 가장 큰 원숭이들 중에 수위를 차지한다.

열대다우림 지역 높은 지대에서 살고, 보통 땅에서는 25~30m 높이에서 산다. 이 원숭이들은 잡을 수 있는 꼬리를 이용해 나뭇가지에 매달려 있는 것에 능숙하다. 이 때문에 손은 자유롭게 먹이를 구할 수 있게 된다.
보통보다 더 많은 척추골은 꼬리의 유연성을 증대시키고 또한 길어지는 팔과 갈고리 모양의 손을 사용해서 숲 속을 빠르게 누비고 다닌다.

세계 어느 곳에?
남아메리카 북부, 가이아나, 수리남과 프랑스령 기아나에서부터 남쪽으로 브라질의 아마존 강 북쪽, 그리고 리오 니그로의 동쪽까지 발생한다.

얼마나 클까?

털
검은거미원숭이는 길고 윤이 나는 검은색 털로 동족과 구별된다.

꼬리
꼬리 끝부분은 주름이 있고 털이 없어서 더 잘 잡을 수 있게 한다.

얼굴색
분홍색에서 빨간색까지 다양하다. 피부에는 특이한 흰털 약간을 제외하고는 털이 없다.

손
거미원숭이들은 대부분의 원숭이들과 달리 긴 엄지손가락이 없다.

이동 방법
어미들은 새끼를 등에 업어서 이동하며, 나뭇가지들을 따라 수평적으로 걸을 수 있고 나뭇가지를 타고 이동할 수도 있다.

거미를 닮은 겉모습
검은거미원숭이의 긴 팔다리와 이들이 몸을 쫙 뻗는 방식은 거대한 거미의 모습을 연상시킨다.

갈색고함원숭이
Brown Howler Monkey

생태 정보
무게: 4~7kg,
암컷이 더 작다.
길이: 전체적으로 93~126cm,
꼬리가 몸보다 약간 더 길다.
성 성숙: 암컷은 3년,
수컷은 3.5년
임신 기간: 약 190일
새끼 수: 1마리,
12~13개월에 젖을 뗀다.
암컷은 1년 6개월 혹은
2년마다 출산한다.
먹이: 초목과 열매를 먹는데
연중 시기에 따라 다르다.
또한 무척추동물도 먹는다.
수명: 최대 20년

갈색고함원숭이가 내는 시끄러운 울음소리는 그들의 존재를 알리고, 근처의 무리들이 그들의 먹이 영역권을 침입하는 것을 막아서 갈등을 피하게 된다.

이 원숭이는 먹이를 소화하는데 아주 특별한 방법을 가지고 있다. 초목을 먹고 사는 모든 동물들처럼 이들이 먹는 식물의 세포벽에 존재하는 셀룰로오스를 분해하기 위해 유용한 미생물을 필요로 한다. 이러한 미생물은 분해 과정의 부산물로서 휘발성 지방산을 생산한다. 몸에 흡수되어 원숭이의 에너지 요구를 충족시키는데 도움이 되는 것은 이러한 가스들이다.

세계 어느 곳에?
남미의 남쪽 지역에 산다. 브라질 남동쪽과 아르헨티나 북동쪽을 포함한다. 우루과이와 볼리비아의 인접지에서도 발견된다.

얼마나 클까?
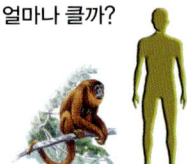

얼굴
얼굴에는 털이 없어서 기분을 나타내는 얼굴 표정이 분명하게 보인다.

울부짖는 소리
다른 종들과 다르게, 보통은 새벽에 짖지 않는다.

갈기
털이 얼굴 주위에 더 길고, 턱수염 모양을 만들어낸다.

손
다섯 손가락을 가졌고, 엄지와 집게손가락은 다른 세 손가락과 마주본다.

큰 소리를 내다
무리에는 흔히 몇 마리의 수컷들이 있다. 분쟁은 드물지만 수컷과 암컷 사이의 싸움은 발생한다.

휴식
고함원숭이들은 상대적으로 비활동적이고, 먹지 않을 때는 낮 동안에 휴식을 취한다. 겨울에 먹이가 희귀할 때는 보다 활동적이다.

갈색양털원숭이
Brown Woolly Monkey

생태 정보
무게: 3.5~10kg,
수컷이 더 크다.
길이: 전체적으로 99~140cm,
꼬리가 몸보다 약간 더 길다.
성 성숙: 암컷은 6~8년,
수컷은 5년
임신 기간: 약 225일
새끼 수: 1마리,
9~12개월에 젖을 떼고,
암컷은 1.5년 혹은 2년마다
출산한다.
먹이: 과실을 상식한다.
초목과 무척추동물도 먹는다.
수명: 사육되어 거의 26년

이 시끄러운 영장류들은 천성적으로 매우 활동적이고, 특별히 어린 원숭이들은 서로 장난치고 노는데 많은 시간을 보낸다.

이 양털원숭이들은 낮 동안에 활동적이고, 10~45마리 정도 사이에서 무리를 이루어 산다. 하지만 먹이를 구할 때는 각자 따로따로 향한다. 야생 무화과 열매를 좋아한다. 집단 안에서는 계급이 존재한다. 지배적인 수컷이 주도권을 가진 듯이 보이나 모든 수컷들은 수용적인 암컷들과 짝짓기를 한다. 이들의 영역이 이웃 그룹과 겹치게 될 수도 있는데 새끼 암컷들이 이에 합류하고, 이들이 자라면서 출생 집단을 떠나게 된다.

세계 어느 곳에?
남미의 콜롬비아 일부 지역들, 베네수엘라, 페루, 에콰도르에서 발견된다. 볼리비아와 브라질에서 또한 발견된다. 이들의 분포 범위 전역에서 다양한 지역의 서식지를 선호한다.

얼마나 클까?

머리
머리는 둥글고,
매우 작은 귀가
양 측면에 있다.

눈
정면에 위치한 눈은
점프할 때 땅에 안전하게
착지하도록 돕는다.

꼬리
길고 잡을 수 있는 꼬리는
안전하게 나뭇가지에
매달릴 수 있게 한다.

천연색
상대적으로 옅은 색에서
매우 진한 색, 검은빛을 띠는
갈색까지 색깔이 다양하다.

클로즈업한 꼬리
꼬리의 밑면과 끝부분 근처에는
털이 없어서 나뭇가지를 더 쉽게
잡을 수 있다.

하늘로부터의 위협
거대한 하피독수리는 이런 영장류들에게
심각한 위협을 준다. 이들은 독수리가 출현했을 때
경고의 소리를 내서 알리고, 발견되지 않기를
바라면서 나뭇잎 아래 숨는다.

피그미마모셋
Pygmy Marmoset

생태 정보
무게: 120~140g;
암컷이 더 작다.
길이: 전체적으로 29~36cm;
꼬리가 몸보다 더 길다.
성 성숙: 1년~1년 6개월
임신 기간: 119~140일
새끼 수: 2, 때때로 3;
수컷은 새끼가 대체로 젖을
뗄 때까지 2달 동안 업고 다닐
책임이 있다.
먹이: 나무의 수액을 먹는다.
삼출물을 먹기 위해 날마다
돌아다니고, 열매와
무척추동물 또한 먹는다.
수명: 최대 11년

모든 원숭이들 중에 가장 작은 이 영장류는 이들의 동족들이 닿지 않는 가느다란 나뭇가지들을 먹는다.

이 마모셋은 특이하게도 이빨을 사용해 나무껍질에 흠집을 내고 수액을 얻는다. 4마리 정도의 새끼와 한 쌍의 어른 원숭이로 구성된 작은 집단을 이루어 살며 일련의 호각소리, 찍찍하는 소리, 딸깍하는 소리 등의 주변의 위험요소를 알리는 의사소통으로 시끄럽지만 근거리에서는 얼굴 표정과 몸짓으로 의사소통을 한다.

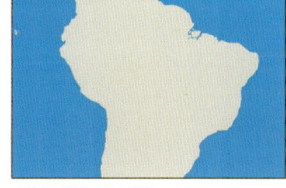

세계 어느 곳에?
남아메리카 북부에서 발견되고, 또한 콜롬비아 동남쪽의 열대 우림 지역과 에콰도르 동쪽 지역과 페루, 볼리비아 북쪽과 브라질 서쪽 지역에 한정된다.

얼마나 클까?

얼굴
얼굴은 상당히 넓고 두 눈은 서로 가깝게 있으며 털에 의해 귀가 가려져 있다.

천연색
황갈색의 무늬는 이들의 존재를 숨기는데 도움이 된다.

꼬리
길고 호리호리한 꼬리는 끝으로 갈수록 점점 가늘어지고 꼬리를 따라 줄무늬가 있다. 잡을 수는 없다.

발과 다리
피그미마모셋은 본성적으로 민첩하여 나뭇가지들을 쉽게 오르락내리락 뛰어다닐 수 있다.

곡예사냥
피그미마모셋은 민첩하여 무척추동물을 잡을 수 있다. 수직으로 최대 5m까지 뛸 수 있고, 나뭇가지 사이를 껑충껑충 뛰어다닐 수 있다.

포식자들
큰 뱀들은 야생 고양이처럼 피그미마모셋을 사냥한다. 또한 숲 덮개 위로 날아다니는 맹금류에게도 공격당하기 쉽다.

얼굴 표정은 의사소통으로 사용된다.

황금사자타마린
Golden Lion Tamarin

생태 정보
무게: 400~800g
길이: 전체적으로 45~56cm,
꼬리가 몸보다 더 길다.
성 성숙: 암컷은 24개월
수컷은 18개월
임신 기간: 약 130일,
새끼는 9월에서 3월
사이에 태어난다.
새끼 수: 1마리.
3~5개월 후에 젖을 떼고,
암컷은 1.5~2년마다
출산을 한다.
먹이: 과일을 먹고
무척추동물과 작은
도마뱀들도 잡아먹는다.
수명: 최대 15년,
사육되어서는 28년

모든 원숭이들 중에 가장 다채로운 색을 가진 황금사자타마린은 이들의 산림 서식지의 대규모 벌채로 인해 고통 받아왔고, 이제는 멸종 위기에 처해 있다.

야생 황금사자타마린의 개체수는, 동물원에서 자란 동물을 포함하는 방출 계획이 세워지기 전인 1980년대 초에 약 100마리 정도로 떨어졌었다. 이제 야생에서의 숫자는 약 1500마리 정도로 추산된다. 이들은 암수 한 쌍과 그 새끼들로 이루어진 가족 단위로 산다. 암컷이 다시 출산을 하면 가족들은 새끼들을 돌보는 것을 도우며 이들이 무리를 떠날 때를 위해 육아기술을 배운다.

세계 어느 곳에?
브라질 해안 지역, 리오데자네이루와 에스피리토 산토스에 살고 있다. 1981년까지는 리오 상주앙 유역 약 900평방킬로미터에 국한되어 있었다.

얼마나 클까?

편승하기
새끼 타마린들은 보통 수컷의 등에 업혀 다닌다.

갈기
수컷과 암컷 모두 긴 갈기털이 어두운 색의 얼굴을 감싸고 있다.

발톱
영장류는 일반적으로 손톱이 있지만, 타마린의 발톱은 무척추동물을 잡는데 유용하다.

발
발가락은 길어서 틈새에서 무척추동물들을 쫓아내기 위해 캐내는데 도움이 된다.

먹는 자세
앞발은 먹이를 잡는데 사용되고, 엉덩이로 앉아서 먹는다.

그룹 구성원들 사이에 강한 유대가 있다.

황제콧수염원숭이
Emperor Tamarin

생태 정보
무게: 350~450g
길이: 전체적으로 58~67.5cm, 꼬리가 몸보다 길다.
성 성숙: 1~1.5년
임신 기간: 140~145일
새끼 수: 2마리, 무리의 일원들은 새끼를 키우는 것을 돕는다.
먹이: 우기에는 과일을 먹고, 건기에는 수액과 꿀을 먹으며, 또한 무척추동물도 먹는다.
수명: 최장 11년

콧수염을 기른 독특한 모습 때문에 1900년대 초에 발견된 후 독일 황제 빌헬름 2세의 이름을 따 이름 붙여졌다.

황제콧수염원숭이는 암컷 한 마리와 2~3마리의 수컷이 무리지어 생활한다. 대부분의 시간을 나무에서 보내지만 땅 위에서 네 발로 걷거나 뛸 수도 있다. 천성적으로 시끄러운 이들은 이웃의 세력권 가까이에서는 특히 자주 우는데, 다른 무리의 침입을 막기 위해서이다. 그러나 안장무늬타마린과 혼합해서 무리를 형성할 때도 있는데, 그때는 공중의 포식자들을 더 효과적으로 발견하기 위해서이다.

세계 어느 곳에?
남아메리카의 아마조니아 서부 전역, 열대우림 저지대에서 나타난다. 페루, 브라질, 볼리비아에서 나타나며 가끔은 강으로 고립된다.

얼마나 클까?

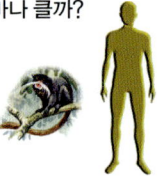

천연색
몸의 윗부분은
회색빛을 띠는 갈색이고,
가슴 위의 털은
더 옅은 색이다.

콧수염
분홍색 코 양 옆으로
하얀 털이 길게
늘어뜨려져 있다.

보호자
새끼들은 무리의
모든 원숭이들의
돌봄을 받는다.

꼬리
긴 꼬리는 끝으로 갈수록
크게 가늘어지지는 않는다.
색깔은 적갈색이다.

여기저기에 살다
황제콧수염원숭이는 천성적으로 텃세가 강하며
무리가 숲의 0.4 평방킬로미터 정도를 차지하며 산다.

각 뒷발에는 짧고 발톱이 없는
안쪽 발가락이 있다.

목화머리타마린(솜모자타마린)
Cottontop Tamarin

생태 정보
무게: 400~450g
길이: 전체적으로 45~50cm, 꼬리가 몸보다 길다.
성 성숙: 암컷은 1.5년 가량, 수컷은 2년
임신 기간: 125~140일
새끼 수: 2마리, 간혹 1마리. 무리의 암컷들이 새끼 키우는 것을 돕는다.
먹이: 과일과 무척추동물, 나뭇잎과 수액, 꿀
수명: 최장 13.5년

목화머리타마린의 분포 범위는 매우 제한되어 있고, 지금은 이들의 산림 서식지의 4분의 3이 파괴되었다. 이제 이들의 개체 수는 약 200마리 정도이다.

이 목화머리타마린은 서로간의 의사소통에 뛰어난 능력이 있어, 새 소리 같은 휘파람 소리부터 훨씬 더 스타카토 같은 발성에 이르기까지 38개의 독특한 울음소리를 가지고 있다. 이는 원숭이의 감정뿐 아니라, 위험을 나타낼 때도 도움이 된다. 이들의 몸짓언어는 훨씬 더 제한적이지만 경고의 의미로 이마를 눈 위로 낮추고 목화 같은 볏을 세울 수 있다. 다른 무리가 위협하면 겁을 주기 위해 후반신을 보인다.

세계 어느 곳에?
남아메리카의 북서쪽, 콜롬비아에서 발견된다. 아트라토 강과 막달레나 강 사이에 남아 있는 산림지역에 분포한다.

얼마나 클까?

얼굴 생김새
눈은 갈색이며
코는 크고 검정색이다.

앞발
다용도로 사용되는 앞발은
나뭇가지를 따라 뛰어다닐 때
원숭이의 무게를 지탱해 주고,
과일 껍질을 벗길 때도 사용된다.

후반신
근육이 잘 발달되어 있어
잘 점프할 수 있게 한다.

천연색
윗부분은 적갈색으로
아랫부분의 흰 털과
대비된다.

이동
단지 부모뿐 아니라
무리의 여러 원숭이들이
새끼들을 실어 나르며,
새끼들은 꽉 붙잡는다.

사회 구조
사회 구조가 매우 발달되어 있으며,
만날 때 서로를 알아본다. 가지 사이를
주로 네 발로 움직여 다니지만
뒷다리로 걸을 수도 있다.

정면을 보면
목화머리타마린이라는 이름을
어떻게 얻었는지 쉽게 알 수 있다.

65

다람쥐원숭이
Common Squirrel Monkey

생태 정보
무게: 560~1250g,
수컷이 더 무겁다
길이: 전체적으로 64~84cm,
꼬리가 몸보다 더 길다.
성 성숙: 암컷은 2년 정도,
수컷은 4년
임신 기간: 160~170일,
출산은 우기와 겹친다.
새끼 수: 1마리. 젖떼기는
6개월쯤 이루어진다.
먹이: 과일, 무척추동물과
나뭇잎, 꽃
수명: 사육되어 최대 20년

생김새가 다소 다람쥐와 닮아서 다람쥐원숭이라 불린다. 최대 200마리 정도로 큰 무리를 지어 살며 복잡한 사회 구조를 가지고 있다.

다람쥐원숭이는 특이한 냄새 표시를 하는데 손에다 소변을 보고 나뭇가지 사이를 다니면서 냄새를 묻힌다.
다람쥐원숭이는 주로 나무 꼭대기에서 지내며 땅으로는 잘 내려오지 않는다. 매일 먹이를 찾기 위해 작은 무리로 나뉘어 숲의 다른 방향으로 향하는데, 울음소리로 연락을 취한다. 밤엔 무리의 구성원이 함께 모여 쉰다.

세계 어느 곳에?
남아메리카 북부 숲이 우거진 지역, 콜롬비아와 베네수엘라부터 기아나와 브라질에 걸쳐 발견된다. 분포 범위가 남쪽으로는 페루, 에콰도르, 볼리비아까지 이어진다.

얼마나 클까?

꼬리
꼬리는 길이가 길며
무언가를 잡기보다는
균형을 잡는데 사용된다.

머리
머리는 둥글고,
하얀 귀가
아래쪽에 달려 있다.

뒷발
사람의 엄지발가락에 해당하는
짧은 안쪽 발가락이 각 발에 있다.

입
수컷은 암컷에 비해
큰 송곳니가
턱 구석에 있다.

꼬리와 발
다람쥐원숭이의 꼬리는 몸보다 길다.
이 종은 발을 사용해 냄새로 영역 표시를 한다.

레슬링
새끼 다람쥐원숭이는 떨어지는 것에 두려움이 없다.
하지만 간혹 발을 헛디뎌 치명적인 결과를 맞기도 한다.

머리의 정면에 있는 눈의 위치 때문에
먹잇감을 정확하게 찾아낼 수 있다.

흰얼굴꼬리감는원숭이
White-Faced Capuchin Monkey

생태 정보
무게: 2.6~5.5kg, 수컷이 더 무겁다.
길이: 전체적으로 74~96cm, 꼬리가 몸보다 길다.
성 성숙: 5~6년
임신 기간: 약 150일, 출산 시기는 우기와 일치.
새끼 수: 1마리, 쌍둥이는 드물다, 젖떼기는 2년까지 일어난다.
먹이: 과일과 무척추동물, 나뭇잎과 꽃
수명: 사육되어 최대 44년.

흰얼굴꼬리감는원숭이는 숲뿐만 아니라 연안 지역에서도 발견되며 맹그로브에서 살고 썰물 때의 갯벌에서 먹이를 구한다.

이 꼬리감기원숭이는 최대 30마리로 구성된 무리를 지어 살며 숲의 아래쪽에 거주한다. 자신과 무리의 다른 구성원의 털 손질을 주기적으로 하며, 대게 손을 사용한다. 특정한 나뭇잎으로 자신을 문지르는 것이 관찰되었는데 기생충을 막는 방법으로 보인다. 새끼는 자신의 엄마보다는 무리의 여러 암컷이 돌본다.

세계 어느 곳에?
중앙아메리카의 벨리즈와 남쪽으로는 남아메리카까지 분포되어 콜롬비아의 북쪽과 서쪽 지역에서 발견된다.

얼마나 클까?

꼬리
물건을 잡을 수 있어
또 다른 손처럼 사용한다.

털
털은 빽빽하고
몸이 전체적으로
검정색이다.

얼굴 특징
얼굴의 피부는 분홍색이고
둘러싼 털은 흰색이다.

귀
귀는 상대적으로 크고
납작하며 머리 양 옆에 있다.
털로 감춰져 있지 않다.

카푸친 수사의 이름을 따서 명명되었다.
다른 종의 독특한 검은 머리는
수도자들의 두건을 닮았다.

음식물
과일을 모으기 위해 땅에 내려오며
손을 사용해 물을 떠 마시기도 한다.

69

버빗원숭이
Vervet Monkey

생태 정보
무게: 2.5~4.5kg, 수컷이 더 무겁다.
길이: 전체적으로 64~93cm, 보통 꼬리가 몸보다 길다.
성 성숙: 4~6년
임신 기간: 약 210일, 출산 시기는 우기의 시작기와 일치한다.
새끼 수: 1마리, 젖떼기는 6개월부터 일어난다.
먹이: 주로 과일을 먹고 식물성, 무척추동물과 작은 척추동물도 먹는다.
수명: 20년까지 산다.

언어라 할 만한 다양한 어휘의 울음소리로 뱀이나 독수리 같은 다양한 포식자들에 대해 경고할 수 있다.

똑똑하고 적응력이 좋은 버빗원숭이는 비교적 툭 트인 전원지대에 서식하며 땅이나 나무에서 먹이를 얻는다. 최대 80마리로 구성된 무리로 지내면서 목소리를 사용하거나 얼굴 표정으로 의사소통한다. 호기심 때문에 곤란한 것은 카리브 해 지역에서 행락객들의 주류를 훔치는 것으로 유명하다.

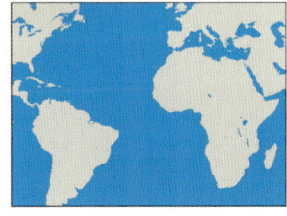

세계 어느 곳에?
아프리카 사하라 사막 남부에서 나타난다. 바베이도스의 카리브 해 지역과 세인트 키츠 섬에도 나타나며 노예 무역시기에 이 지역에 유입되었다.

얼마나 클까?

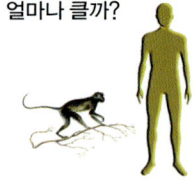

천연색
털의 약간 녹색빛 기운이 이들이 버빗으로 불리는 이유를 설명해 준다.

손
손은 발처럼 검고 인간의 손과 구조가 비슷하다.

음낭
음낭의 밝은 파란색 피부는 사회적 지위가 높은 수컷이라는 것을 보여준다.

야생 고양이들이 이 종을 먹이로 삼지만, 버빗원숭이들은 민첩하여 땅 위로 쉽게 도망쳐 나온다.

가족 관계
무리의 암컷들은 새끼들을 돌볼 책임이 있으며 새끼들이 나쁜 행동을 하면 훈육한다.

동부흑백콜로버스
Mantled Guereza

생태 정보
무게: 9.2~13.5kg,
수컷이 더 무겁다.
길이: 전체적으로 96~129.5cm,
일반적으로 꼬리가 몸보다 길다.
성 성숙: 4~6년
임신 기간: 약 150일,
출산 시기는 우기의
시작기와 일치한다.
새끼 수: 1마리, 젖떼기는
6개월까지 이루어진다.
먹이: 대체로 나뭇잎을 먹지만
몇몇 과일도 먹는다.
수명: 사육되어 최대 23년.

두드러진 무늬가 있는 이 원숭이들은 주로 검은색과 흰색 무리에 속한다. 대부분의 시간을 나무꼭대기에서 보낸다.

이 원숭이들은 나뭇잎을 주로 먹기 때문에 소화기 계통이 섬유소를 분해하는데 잘 적응되었다. 위의 윗부분에는 이 일을 수행하는 박테리아와 원생동물이 있고 침샘에서 분비된 침이 완충 역할을 한다. 이 부분은 위의 다른 부분과 분리되어 있는데, 위의 다른 부분은 단순히 나뭇잎을 저장하는 기능을 주로 한다.

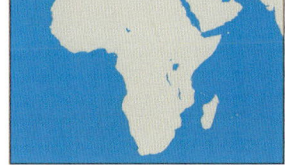

세계 어느 곳에?
아프리카에서 나타난다. 나이지리아와 카메룬, 콩고민주공화국에서 북동쪽으로는 수단과 에티오피아까지, 그리고 우간다의 일부 지역들과 탄자니아, 케냐에서 나타난다.

얼마나 클까?

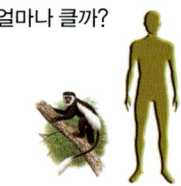

털 색
어른들은 검정색과 흰색이지만 태어난 새끼들은 새하얗다.

손
각 손에 손가락이 4개만 있다.

꼬리
꼬리의 대부분은 검정색이지만 끝부분에는 길고 하얀 털이 있다.

머리 위의 위험
동부흑백콜로버스는 맹금류에게 잡힐 위험이 있기 때문에 숲 덮개에서 잘 살펴야 한다.

안전하게 점프하기
이 원숭이는 나뭇가지에서 가지 사이를 뛰어 넘을 수 있다. 착지할 때 손으로 그리고 그 다음에 발로 몸을 지지한다.

73

돼지꼬리원숭이
Pigtail Macaque

생태 정보
무게: 4.7~14.5kg,
수컷이 더 무겁다.
길이: 56~85cm
성 성숙: 암컷은 3~4년,
수컷은 6~8년
임신 기간: 약 165일
새끼 수: 1마리, 젖떼기는
4개월부터 이루어진다.
먹이: 대체로 채식을 하고,
과일이나 옥수수, 카사바
나무 같은 식물성을 먹는다.
무척추동물도 먹는다.
수명: 대략 10~15년,
사육될 때는 최대 30년.

돼지꼬리원숭이는 열대에서 나타난다. 돼지와 비슷한 짧고 털이 없는 꼬리는 이들의 속명이 붙여진 이유를 설명해 준다.

대체적으로 일 년 내내 과일이 풍족하며 다른 동물의 방해도 받지 않는 우림 지역을 선호한다. 특히 뇌우 속에서 농작물을 급습하는데 능숙해졌다. 무리 중 한 마리는 망을 보고 사람을 발견하면 크게 소리 지른다. 어떤 농부들은 이것을 이용해 새끼 마카크를 훈련시켜 코코넛을 따오게 한다.

세계 어느 곳에?
동남아시아-인도 서부와 방글라데시부터 중국까지, 라오스, 캄보디아, 태국과 말레이시아를 지나 수마트라 섬과 보르네오 섬을 포함한 인도네시아의 일부 지역에 분포되어 있다.

얼마나 클까?

얼굴
얼굴은 연한 색조의 분홍색이다.

꼬리
꼬리는 독특하고 돼지 같은 식으로 반쯤 서 있으나 나선형으로 꼬여 있지는 않다.

털
털은 갈색이고 얼굴 주변은 더 엷으며 아래는 하얗다.

새끼들은 엄마의 등을 타고 이동하며, 주변 세상을 관찰하는데 이 좋은 위치를 이용하는 법을 금세 배운다.

이웃과 사이좋게 지내기
다른 무리의 구성원들은 가끔 서로 가까이에서 접촉하기도 하며, 대개 꽤 관대한 편이다.

붉은털원숭이 (레서스원숭이)
Rhesus Macaque

생태 정보
무게: 5.5~12kg
수컷이 더 무겁다.
길이: 64~96cm
성 성숙: 암컷은 3~4년,
수컷은 약 6~8년
임신 기간: 약 165일
새끼 수: 1마리, 젖떼기는
4개월부터 이루어진다.
먹이: 대체로 채식을 하며,
과일, 나뭇잎, 씨앗, 견과류,
식물 뿌리와 나무껍질을 먹는다.
몇몇 무척추동물도 먹는다.
수명: 10~15년 정도,
사육되어 최대 30년.

1940년대에 다양한 인간의 혈액형을 발견하는데 이 원숭이들이 한 역할 때문에 '레서스 인자' 라는 용어를 사용해 기념하고 있다.

붉은털원숭이는 대부분의 시간을 땅에서 보내지만 열대 지역에서 겨울에 눈이 흔한 온화한 지역까지 서식하는 범위가 넓다. 주로 나무가 우거진 지역을 선택하지만 인도에서는 툭 트인 농지에서도 발견되며 사람들과 함께 사는 데 적응되어 있다.
무리로 발견되는데, 크기는 수컷이 더 크지만 암컷들이 무리를 이끈다.

세계 어느 곳에?
천연서식지는 아시아 남부이고, 아프가니스탄에서 동쪽으로 인도를 거쳐 태국과 중국 남부까지 확장된다. 유입된 개체군이 플로리다에 존재한다.

얼마나 클까?

생김새
털은 대부분 갈색이며 종종 네 발로 걷는다.

꼬리
땅 위에서 많이 사는 생활방식을 보여주듯 꼬리가 짧다.

얼굴 무늬
얼굴의 털은 짧고 표정을 강조한다. 귀는 눈에 잘 띈다.

유두
암컷은 가슴에 한 쌍의 유두가 있어 새끼들이 빨 수 있다.

수영
수영을 잘한다. 먹이를 찾기 위해 물을 건너기도 한다.

털 손질
서로 털을 손질해 주는 것은 무리 구성원 간의 유대를 강화하고, 진드기 같은 기생충을 제거하는 기회가 된다.

붉은털원숭이에게는 몸짓언어가 중요하다. 다른 개체를 쳐다보면서 이빨을 드러내는 것은 위협의 표시이다.

바바리에이프원숭이
Barbary Ape

생태 정보
무게: 5.5~13kg
수컷이 더 무겁다.
길이: 38~76cm
성 성숙: 암컷은 3~4년,
수컷은 4.5~7년
임신 기간: 190~196일
새끼 수: 1마리, 드물게
쌍둥이도 나온다. 젖떼기는
12개월쯤에 일어난다.
먹이: 대체로 채식을 하고,
과일, 나뭇잎, 씨앗, 견과류,
식물 뿌리와 몇몇
무척추동물도 먹는다.
수명: 22년까지 산다.

이름에도 불구하고 이 종은 유인원(ape)보다는 원숭이에 가깝다. 매우 작은 지역에서긴 해도 유럽에서 발견되는 유일한 종이다.

지브롤터 개체군은 약 200마리의 원숭이로 이루어지며 가파른 바위에서 살고 있으나 가끔은 마을로 내려와 배회하기도 한다. 그러나 북아프리카에서는 고도 최대 2160m의 산림 지역에서 서식한다.
무리에는 암수가 섞여 있으며 암컷이 우두머리 역할을 한다. 다른 마카크와 달리 이 종의 수컷들은 새끼를 돌보는 일에 관여한다.

세계 어느 곳에?
이름이 보여주듯 이 종은 아프리카의 바바리 해안에서 생겨났으며 모로코와 알제리 북쪽에서도 나타난다. 또한 지브롤터 암벽에서도 발견된다.

얼마나 클까?

윗부분
윗부분의 색깔은 노란빛을 띠는 회색에서 회색을 띤 갈색까지 달라진다. 얼굴 근처의 털이 더 진하다.

앞다리
앞다리는 강하고 힘이 있어서 잘 올라갈 수 있다.

아랫부분
아랫부분은 희끄무레하다. 얼굴 주변보다는 털이 긴 편이다.

바바리에이프원숭이는 사납게 굴기도 하며 또 세게 물기도 한다.

입 주머니
긴꼬리원숭이과의 다른 동물들과 마찬가지로, 바바리에이프원숭이는 입 안에 주머니가 있어서 거기에 음식을 저장할 수 있다.

맨드릴개코원숭이
Mandrill

생태 정보
무게: 11~27kg
수컷이 더 무겁다.
길이: 짧은 꼬리를
포함해서 63~88cm
성 성숙: 암컷은 3.5년,
수컷은 4.5~7년
임신 기간: 약 186일
새끼 수: 1마리, 드물게
쌍둥이도 나온다. 젖떼기는
8개월쯤에 이루어진다.
먹이: 대체로 채식을 하고,
과일, 나뭇잎, 씨앗, 견과류,
식물 뿌리와 몇몇
무척추동물을 먹는다.
수명: 최대 46년까지 산다.

이 종은 원숭이 중에서 가장 크며, 맨드릴이라는 이름은 '인간 같은 유인원'이란 뜻을 가지고 있다. 수컷은 암컷 크기의 두 배까지 자란다.

맨드릴개코원숭이는 무리지어 살며 가봉의 로페 국립공원에선 1300마리 이상이 함께 산다고 기록되어 있다. 영장류 중에서 인간을 제외하고는 기록된 중 가장 큰 집단이다. 그러나 일반적으로는 12마리 정도의 훨씬 작은 무리로 나타난다. 대부분의 시간을 땅에서 보내며 암컷들은 새끼를 몸 아래에 매달고 다닌다.

세계 어느 곳에?
서아프리카의 열대 우림에서 발견된다.
사나가 강에서부터 남쪽으로 나이지리아
남쪽, 카메룬, 가봉, 적도기니와
콩고에서 발견된다.

얼마나 클까?

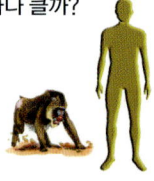

천연색
독특한 엉덩이 색은 숲에서 서로를 찾을 때 도움이 된다.

외모의 변화
흥분하면 피부색이 더 밝아진다.

털
대부분 올리브 갈색이고 아래쪽은 희끄무레하다.

생김새의 변화
새끼는 처음엔 대부분 얼굴이 검고, 나이가 들수록 독특한 얼굴색이 나타나기 시작한다.

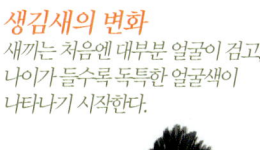

이 종은 길이가 5cm에 달하는 어마어마한 송곳니를 가지고 있다. 송곳니를 이렇게 드러내는 것은 종종 환영의 표시이다.

코주부원숭이
Proboscis Monkey

생태 정보
생태 정보
무게: 10~20kg, 수컷이
암컷보다 두 배 정도 무겁다.
길이: 전체적으로 135~147cm,
꼬리가 몸보다 더 길다.
성 성숙: 암컷들은 4년,
수컷들은 4~7년
임신 기간: 166일
새끼 수: 1마리,
8개월쯤 후에 젖을 뗀다.
먹이: 그 해에 처음 열린
어린잎과 뒤이어 덜 익은
과일을 먹는다.
수명: 최대 23년

이 원숭이들은 수컷의 코를 보면 다른 어떤 동물과도 혼동하지 않는다. 코주부원숭이들 무리가 때때로 숲길을 따라 사람처럼 똑바로 서서 걷는 것을 볼 수 있다.

나뭇잎을 먹는 이 원숭이들은 'Monyet belandas' 또는 '네덜란드원숭이'로 알려졌었다. 동남아시아의 이 지역을 식민지화한 네덜란드 정착민들을 희화하는 것이다. 물 가까이에 사는 코주부원숭이들은 수영을 잘하는데, 얕은 곳은 똑바로 서서 건널 수 있다. 구름표범과 같은 포식자들을 피하기 위해 나뭇가지에서 물속으로 떨어지지만, 악어에게 위협을 받는다. 서식지 개간은 최근 몇 년 동안 이 영장류의 수를 감소시켰다.

세계 어느 곳에?
개체군은 동남아시아에 제한되어 있고, 보르네오 섬에서 발견된다. 여기에서 코주부원숭이는 낮은 고도와 산림지역, 맹그로브와 늪지에 나타난다.

얼마나 클까?

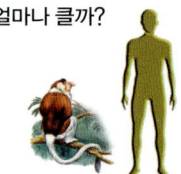

코
코는 길이가 최대 18cm이며,
만약 수컷이 위협을 느끼면
코가 피로 가득 차고
울음소리를 증폭시킨다.

배
크고 둥글며
위에 식물을 분해할 수 있는,
미생물들이 살 수 있는
공간이 있다.

손
이 원숭이들은 나무에서
어린잎을 따는데 손을 사용한다.

발가락
발가락 사이의 물갈퀴는
이 원숭이들이 수영하는 것을
돕는다.

심지어 물을 마실 때도,
코주부원숭이들은 좀처럼
땅에 내려오질 않는다.

서로 다른 크기들
코주부원숭이 수컷과 암컷 사이의
크기 차이는 다른 어떤 영장류보다 크다.
수컷의 코가 짝을 유혹한다.

망토개코원숭이
Hamadryas Baboon

생태 정보
무게: 9~21.5kg
수컷들이 두 배 정도 무겁다.
길이: 전체적으로 99~137cm
꼬리가 몸만큼 길다.
성 성숙: 암컷들은 4.3년
수컷들은 4.8~7년
임신 기간: 172일
새끼 수: 1마리
6~15개월쯤에 젖을 뗀다.
먹이: 잡식성으로 식물성,
과실, 작은 척추동물과
무척추동물을 먹는다.
수명: 최장 38년

적응력이 높은 이 영장류들은 세계의 혹독한 지역에서 산다. 바위 지역을 좋아하며, 물에서 멀리 떨어져 돌아다니지 않는다.

암컷은 짝짓기가 준비되었을 때, 꼬리 밑의 피부가 혈류의 증가로 충혈된다. 새끼들은 처음에는 전적으로 어미에게 의존하고 어미에 의해 이동되어진다. 수컷들은 느리게 성장하지만, 보통 완숙한 색을 띠기도 전에 짝짓기를 할 수 있다.

망토개코원숭이는 목소리와 몸짓언어 등의 다양한 방법으로 소통 할 수 있다. 송곳니를 드러내면서 하품을 하는 것은 위협의 몸짓이다.

세계 어느 곳에?
홍해 남부에 인접한 아프리카 일부 지역들, 에디오피아, 에리트리아, 소말리아의 일부 지역, 중동으로 확장되어 사우디아라비아와 예멘에도 나타난다.

얼마나 클까?

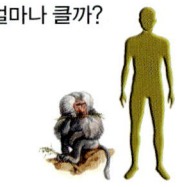

꼬리
꼬리가 길며 굽었고, 꼬리의 길이는 개체마다 다양하다.

수컷
수컷은 크고, 머리에 은색 갈기가 있다.

암컷
암컷들은 올리브 갈색이며 갈기가 없지만, 수컷과 마찬가지로 꼬리 아랫부분은 분홍색이다.

새끼들
망토개코원숭이들은 태어날 때 털이 검지만, 6달이 지나면 올리브 갈색으로 변한다.

짝짓기
지배적인 수컷은 무리의 암컷이 어린 수컷에게 관심을 보이면, 암컷을 쫓아가서 공격하고 물어 뜯는다.

두크마른원숭이
Red-Shanked Douc

생태 정보
무게: 5~7kg
수컷들이 더 무겁다.
길이: 전체적으로 117~152cm,
꼬리가 몸보다 더 길다.
성 성숙: 암컷은 약 4년
수컷은 4~5년
임신 기간: 165~190일
새끼 수: 1마리,
쌍둥이는 거의 없다.
11개월 후에 젖을 뗀다.
먹이: 채식을 하며 나뭇잎을
좋아한다. 하지만 계절 과일,
꽃, 씨앗도 먹는다.
수명: 최대 25년

이 종은 모든 영장류들 중에 가장 다채로운 색을 가진 동물 중 하나이다. 천성적으로 나무 위에서 살며, 베트남 어 이름은 두크(dook)로 발음된다.

이 놀랍도록 탄탄한 원숭이들은 숲 속 나뭇가지에서 나뭇가지로 6m의 거리를 뛸 수 있다. 작은 무리를 지어 살며, 각 무리는 숲의 특정 지역을 차지하는데 나무 꼭대기 주위에 효과적으로 길을 만들어 이동한다.
새끼들은 출생부터 어미에게 달라붙어 무리와 함께 이동한다. 완숙한 색을 얻기 위해서는 약 10달 정도가 걸린다.

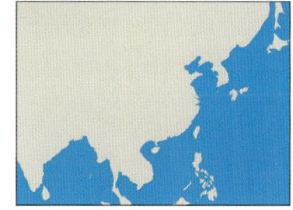

세계 어느 곳에?
동남아시아, 라오스와 베트남 북부와 중부지역들의 산림 지역에서 고도 최대 2000m에서 발견된다.

얼마나 클까?

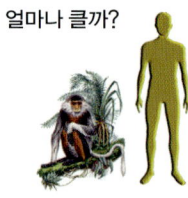

얼굴
수컷은 훨씬 더 솜털 같은
흰 털이 얼굴을 테처럼
두르고 있다.

분배
보통 한 무리의 구성원들은
나뭇잎을 따서 서로
나누어 갖는다.

꼬리
꼬리는 희고
균형을 잡는데
사용된다.
잡을 수는 없다.

손
손은 상대적으로 길고
강하기 때문에
쉽게 식물을 뽑을 수 있다.

헤엄치기
두크마른원숭이의 잘 알려지지 않은 특징은
헤엄치는 능력이다. 하지만 이들은
땅에 좀처럼 내려오지 않는다.

두크마른원숭이의 눈은 정면을
향하고, 뛰어 올랐을 때 거리를
정확하게 측정할 수 있도록 돕는다.

하누만랑구르
Hanuman Langur

생태 정보
무게: 11.2~18.3kg,
수컷들이 더 무겁다.
길이: 전체적으로 109~178cm
꼬리가 몸보다 더 길다.
성 성숙: 암컷들은 약 4.3년,
수컷들은 4.8~7년
임신 기간: 170~200일
새끼 수: 1마리
13~20개월에 젖을 뗀다.
먹이: 채식을 하며, 다양한 과실, 나뭇잎과꽃을 먹는다.
수명: 최대 20년

이 종은 또한 '회색 랑구르' 혹은 '랑구르'로도 알려져 있다. 힌두원숭이 신 '하누만'의 이름을 따 지어졌으며 인도에서는 신성한 동물로 간주된다.

세계 어느 곳에?
아시아 남쪽에서 산다. 인도와 파키스탄을 가로질러, 방글라데시와 미얀마(버마)까지 확장된다. 또한 스리랑카 섬, 인도 남동 해안 연안의 섬에도 나타난다.

무리 중에 새로운 수컷이 기존의 수컷 우두머리를 대신하게 되면 그 새로운 수컷이 아직 어미에 의해 양육되고 있는 어린 새끼들을 죽이는데, 이것은 암컷들이 더 빨리 다시 짝짓기를 하여 그 수컷이 무리의 유전적 구성에서 더 광범위하고 지속적인 영향력을 가하도록 돕는다는 뜻이다. 하누만랑구르는 땅에서 대부분의 시간을 보내며, 네 발로 걸어 다닌다. 도시 지역에서도 상당히 흔하게 볼 수 있다.

얼마나 클까?

천연색
이 랑구르들은 주로 회색이고, 얼굴과 발, 손이 검다.

서식지
우거진 숲보다 확 트인 삼림지대를 선호하며, 그런 곳에서는 나뭇가지를 따라 기어오르거나 걸을 수 있다.

크기
이 랑구르들 중 가장 큰 것들은 이 종의 분포범위의 북부 지역에 나타난다.

뒷발
이 원숭이들은 흔히 후반신으로 앉아서 몸을 지탱한다.

마시기 위해 멈추기
앞발을 벌림으로써 하누만랑구르는 쉽게 물을 핥아 마실 수 있다.

앞발에는 짧은 엄지손가락이 있어서 오를 수 있는 능력을 도우며, 손가락마다 손톱이 있다.

겔라다개코원숭이
Gelada Baboon

생태 정보
무게: 11~20kg,
수컷이 두 배 정도 무겁다.
길이: 82~114cm
성 성숙: 암컷들은 4~5년쯤.
수컷들은 5~7년
임신 기간: 150~180일
새끼 수: 1마리
12~18개월에 젖을 뗀다.
먹이: 초식성이다. 풀을
먹고 사는데 적응되어 있으나,
건기에는 뿌리를 먹는다.
수명: 최대 30년

이 원숭이들은 겉모습이 개코원숭이와 유사하기만 사실 진짜 개코원숭이는 아니다. 콧구멍이 주둥이의 끝부분에 멀리 위치해 있다.

겔라다개코원숭이의 조상들은 훨씬 더 광범위한 지역에 분포했었다. 한때 인도까지 확장되었던 마지막 생존자 그룹이다.

가슴의 붉은 부분은 생식기 부위의 피부와 유사하다. 암컷이 발정기 일 때, 암컷에게서 더 부풀어 오른다. 겔라다개코원숭이들은 엉덩이로 앉아서 대부분의 시간을 보내기 때문에 가슴 부위에서 발달한 것이다.

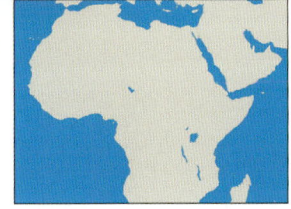

세계 어느 곳에?
아프리카 북부의 고지대에 국한되며, 에티오피아 넓은 초원지대의 고도 1400~4400m에서 산다.

얼마나 클까?

암컷
암컷은 수컷보다 작고, 긴 털의 갈기가 없다.

꼬리
암컷의 꼬리 끝부분의 털은 수컷보다 훨씬 더 길며 털다발을 형성한다.

손
엄지손가락이 매우 유연해서 풀의 싹을 쉽게 뽑을 수 있도록 돕는다.

피부색
가슴에 있는 밝은 빨간색 부위의 피부는 겔라다개코원숭이를 개코원숭이와 구별하는 또 다른 방법이다.

옆모습
머리의 옆모습은 암수 간에 차이가 있고, 수컷의 코(아래)는 암컷의 코와 상당히 다르다.

겔라다개코원숭이 수컷과 암컷은 일단 성숙하면 매우 다른 체격과 겉모습을 갖는다.

조직 구조
겔라다개코원숭이들은 하나의 수컷과 여러 암컷으로 이루어지는 하렘에서 살며, 먹이가 풍족한 지역에서 모인다.

91

아이아이원숭이
Aye-Aye

생태 정보
무게: 약 2.6kg
길이: 전체적으로 74~90cm, 꼬리가 몸보다 더 길다.
성 성숙: 약 2.5년
임신 기간: 160~172일
새끼들은 2달 동안 둥지에서 지낸다.
새끼 수: 1마리
5.5~7개월에 젖을 뗀다.
먹이: 과일, 견과류, 식물성뿐만 아니라 나무에 기생하는 다양한 벌레들
수명: 최대 24년

이 특이한 생물은 원래 설치류로 분류되었지만, 지금은 야행성 영장류 중에 가장 큰 동물로 인식된다. 이들은 천성적으로 단독 생활을 한다.

아이아이원숭이의 무척추동물 사냥법은 매우 독특하다. 길쭉한 세 번째 손가락으로 나뭇가지를 두드려 먹잇감이 숨어 있을지도 모르는 나무껍질에 구멍을 내거나 설치류처럼 강한 앞니를 사용해서 나무껍질을 물어뜯어 아래 숨어 있는 무척추동물들을 발견하면 적응이 잘 된 가느다란 손가락으로 긁어내어 먹는다. 이 손가락은 과일의 껍질을 긁어내는데도 사용된다.

세계 어느 곳에?
오직 아프리카 동남쪽 해안, 마다가스카르에서만 발견된다. 이 영장류들은 그 곳의 다양한 삼림 지대 전체에 상당히 광범위하게 분포해 있다.

얼마나 클까?

귀
귀가 매우 크고 독특한 삼각형 모양을 하고 있다.

주둥이
주둥이는 짧으며 분홍색 코가 있다.

꼬리
꼬리는 길고 숱이 많으며 몸에서처럼 뻣뻣하고 까만 털로 덮여 있고 특이한 흰색 털이 있다.

손가락
세 번째 손가락이 확장되어 있어서, 나무껍질에서 곤충의 유충을 뽑아낼 수 있다.

수색
이 영장류들은 숨겨져 있는 먹이를 발견하고 접근하는데 매우 잘 적응되어 있다.

각 손의 세 번째 손가락은 특히 호리호리하고 마디가 많다.

보금자리
나뭇가지와 나뭇잎을 가지고 나무 꼭대기에 둥지를 만들고 거기서 낮 동안 잠을 잔다.

부시베이비
Bushbaby

생태 정보
무게: 150~250g
길이: 전체적으로 27~44cm, 꼬리가 몸보다 더 길다.
성 성숙: 9~12개월
임신 기간: 약 125일
새끼 수: 1~2
3.5개월에 젖을 뗀다. 암컷은 4~8개월의 간격을 두고 새끼를 낳는다.
먹이: 주로 나방과 메뚜기 같은 무척추동물을 먹고, 과실과 씨앗, 꽃도 먹는다.
수명: 최대 16년까지

부시베이비에게 있어 냄새 표시는 매우 중요하다. 수컷은 손에 소변을 보고, 나뭇가지를 타고 다니면서 자신의 냄새를 묻힌다.

부시베이비는 어둠을 틈타 나타나며, 하룻밤에 최대 2km의 거리를 이동하기도 한다. 이들은 자신들의 영역 전역에 쉴 수 있는 둥지를 많이 가지고 있다. 상대적으로 트여 있는 지역에서 살고, 땅에서 높게 뛸 수 있으며 네 발로 걸을 수도 있다. 보통 혼자 살아가지만, 때때로 작은 가족 무리가 관찰되기도 한다.
수컷들은 본성적으로 텃세가 강해서 같은 종의 다른 동물들로부터 지역을 지킨다.

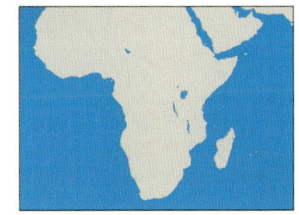

세계 어느 곳에?
이 부시베이비는 아프리카 남쪽의 중부 지역의 관목지대, 사바나와 반 건조대 삼림지대에서 발견된다.

얼마나 클까?

눈
상대적으로 눈이 크고 앞을 향해 있어서 부시베이비가 안전하게 뛸 수 있다.

귀
귀에는 네 개의 독특한 이랑이 있으며 구부러질 수 있어서 소리의 위치를 찾도록 돕는다.

손
엄지손가락은 마주보고 있지 않지만 기어오를 때 불편하지는 않다.

꼬리
꼬리는 균형을 잡도록 돕고 끝부분은 긴 털로 덮여 있다.

어미의 보호
새끼 부시베이비는 생후 처음 10~14일은 둥지에서 보내며, 그리고 나서 어미의 털에 붙어서 어미와 함께 돌아다닌다.

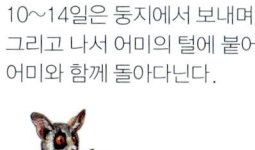

부시베이비의 앞발, 실용적인 엄지발가락이 없는 것을 볼 수 있다.

점프하기
뒷다리를 이용해 나뭇가지를 차고 뛰어 올라서 착지할 때 뒷발로 나뭇가지를 잡는다.

고릴라
Gorilla

생태 정보
무게: 60~275kg, 수컷들이 더 크다.
길이: 140~180cm
성 성숙: 암컷은 10년, 수컷은 15년
임신 기간: 251~289일
새끼 수: 1마리, 드물게 쌍둥이를 낳기도 한다. 3~4년 후에 젖을 뗀다.
먹이: 주로 나뭇잎을 먹는다. 과일, 꽃, 뿌리 그리고 무척추동물도 먹는다. 식물성 독을 해독하기 위해 찰흙을 먹는다.
수명: 최대 50년까지

세계의 영장류들 중에 가장 크며, 고릴라는 약 7백만 년 전에 침팬지와 인간으로부터 분열된 혈통이라고 생각된다.

이들의 위협적인 겉모습에도 불구하고, 고릴라들은 본성적으로 공격적이지 않다. 작은 가족 단위로 살고, 영역을 이동하며, 밤마다 깨끗한 풀로 잠자리를 만든다. 때때로 나무에 올라 과실을 따는데, 특히 어린 새끼가 무리 중에서 더 민첩하다. 밀렵을 제외하더라도 에볼라 바이러스가 이 유인원의 개체군을 대량으로 죽이는 것에 대한 두려움이 있다.

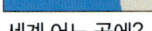

세계 어느 곳에?
아프리카 서쪽, 가봉의 산림 지역, 적도 기니, 중앙아프리카 공화국, 콩고 민주 공화국, 카메룬과 남쪽으로 앙골라까지 분포한다.

얼마나 클까?

머리색
머리 위의 불그스름한 부분은 저지대 고릴라의 독특한 특징이다.

암컷
암컷들은 둥근 배를 가졌고, 지배적인 수컷의 특징인 등에 난 은색털이 없다.

발
발은 매우 넓고, 걷는 것이 용이하게 한다. 발가락이 상대적으로 짧고 엄지발가락이 넓게 벌어져 있다.

앞팔
앞팔의 힘이 센 고릴라는 손바닥보다 손마디를 이용해 걷는다.

먹기
이 고릴라들은 습한 지역을 찾아 들어가서, 수생 식물을 먹는다. 또한 원시적인 도구들을 사용하는 것으로 알려져 있다.

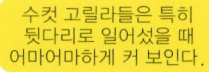

수컷 고릴라들은 특히 뒷다리로 일어섰을 때 어마어마하게 커 보인다.

보노보
Bonobo

생태 정보
무게: 27~61kg, 수컷이 더 크다.
길이: 104~124cm
성 성숙: 암컷, 수컷 모두 13~15년
임신 기간: 약 240일
새끼 수: 1마리, 드물게 쌍둥이를 낳는다.
젖떼기는 4년에 일어난다.
먹이: 대체로 과일을 먹지만 꽃, 식물 뿌리, 몇몇 무척추 동물도 먹는다. 영양과 박쥐를 잡아먹기도 한다.
수명: 최장 50년

보노보의 다른 이름은 '피그미 침팬지'로 이들이 발견된 지역 원주민들의 키와 관련이 있다.

천성적으로 사회적인 보노보는 이동할 때 여러 가지 소리로 연락을 취한다. 그 중 몇 가지 소리는 구체적인 뜻에 관해서 단어와 연관된다.
무리의 구성원들은 털 손질을 통해 유대감을 높이고 주목을 끌기 위해 다른 개체를 일부러 쳐다보기도 한다.
보노보는 또한 공격적일 수도 있다.
수컷 새끼들은 무리에 남고 암컷은 다 자라면 떠난다.

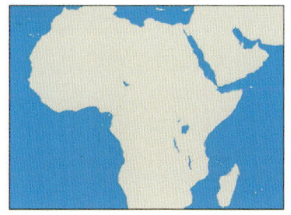

세계 어느 곳에?
콩고 민주 공화국의 숲에서 나타나며, 콩고와 루알라바 강 사이 지역과 남쪽으로는 카사이 강에 살고 있다.

얼마나 클까?

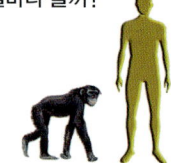

털
털은 검은색이고
볼에도 분명하게 나타난다.
피부색 또한 까맣다.

콧구멍
콧구멍은 크고
코 앞쪽에서 뚫려 있다.

뒷다리
상대적으로 길고,
독특한 무릎이 있다.

앞발
뒷발로 서서 걸을 수 있지만
보통 앞발가락 관절로도 걷는다.

일상생활
보노보는 하루 중 많은 시간을
음식을 찾는 데 사용한다.

도구 사용
이 침팬지들은 기본적인 도구를 사용하며
물을 모으고 마시기 위한 간단한 물관 같은
물건들을 만든다.

다리가 더 길고 더 짙고
날씬한 보노보(왼쪽)는
일반적인 침팬지(오른쪽)와
옆모습으로도 쉽게 구분된다.

침팬지
Chimpanzee

생태 정보
무게: 26~70kg,
수컷이 더 크다.
길이: 64~93cm
성 성숙: 암컷, 수컷 모두
13~15년
임신 기간: 약 230일
새끼 수: 1마리, 드물게
쌍둥이도 있다. 젖떼기는
3.5~4.5년에 이루어진다.
먹이: 대체로 과일을 먹지만
꽃, 식물뿌리와 몇몇 무척추
동물도 먹는다. 작은 포유류와
파충류도 잡을 수 있다.
수명: 최장 60년

살아 있는 동물 중 인간과 가장 가까운 동족으로 여겨지는 침팬지는 뒷발로 섰을 때 170cm에 달한다. 무리지어 살며 대부분 땅에서 지낸다.

침팬지에 대한 연구에서 침팬지들이 기생충부터 종양에 이르는 질병을 치료하는데 약효성분이 있는 다양한 식물들을 소비한다는 것이 밝혀졌다. 이 식물들은 침팬지들이 그것을 먹는 방식으로 식별될 수 있다. 이들이 일반적인 음식을 먹는 방식과는 다르게 필요할 때 특정한 식물을 찾아 잎을 씹지 않고 삼키는 것이다.

세계 어느 곳에?
중앙아프리카의 열대우림지역들에서 발견되며, 감비아에서 콩고를 거쳐 동쪽으로 우간다까지 나타난다.

얼마나 클까?

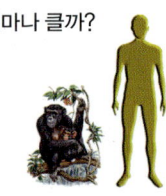

손
긴 손가락은 땅 위를 걸어갈 때 손 안으로 구부러질 수 있다.

천연색
피부는 나이가 들수록 어두워지지만 등쪽의 털은 흔히 회색빛으로 변한다.

의사 소통
침팬지들은 시끄럽다. 감정을 나타내고 서로 계속 연락하기 위해 소리를 낸다.

새끼들은 함께 논다. 사람처럼 웃을 수 있다.

101

보르네오오랑우탄
Bornean Orangutan

생태 정보
무게: 40~90kg,
수컷이 더 크다.
길이: 78~97cm
성 성숙: 암, 수컷 모두 15년
임신 기간: 약 260일, 어미가 새끼를 3년간 데리고 다닌다.
새끼 수: 1마리, 드물게 쌍둥이도 있다. 젖떼기는 3.5~4.5년에 이루어진다.
먹이: 주로 과일을 먹지만 나뭇잎과 씨앗도 먹는다.
수명: 최장 60년

오랑우탄은 문자 그대로 '숲의 사람'이란 의미인데, 이 거대한 유인원의 인간을 닮은 모습을 반영한 것이다. 수마트라오랑우탄은 현재 다른 종으로 분류된다.

오랑우탄은 나무에서 생활하는 포유류 중 가장 크고 땅에 내려오는 경우는 드물다. 암컷이 8년 혹은 그 이상마다 한 번씩 출산하기 때문에 증식 속도가 매우 느리다. 사냥을 당하기도 하지만 오랑우탄을 가장 위협하는 것은 서식지를 휩쓸어버리는 산불과 같은 자연 재해로 서식지가 사라진다는 점이다. 400가지 이상의 다양한 식물을 먹으며 야생 무화과를 특히 선호한다.

세계 어느 곳에?
보르네오 섬에서만 나타나며 고도 800m까지의 우림에서 발견된다. 이들의 조상이 동남아시아 본토에도 있었다는 화석 증거가 있다.

얼마나 클까?

팔
팔이 매우 길어
2m까지 닿을 수 있다.
손에는 대개
털이 없다.

털
이 종의 털은
텁수룩하고
불그스름하다.

테두리
오직 수컷만 얼굴 주변에
납작한 부분이 있고
목 아래에 군턱처럼
이어진다.

움직일 때
숲 속에서 매달리며 건너갈 때 가지를 잡는 데
두 팔과 다리를 교대로 사용할 수 있다.

손처럼 발도
이 큰 유인원을
지탱해준다.

흰손긴팔원숭이
Lar Gibbon

생태 정보
무게: 약 5.5kg.
수컷이 약간 더 크다.
길이: 45~50cm
성 성숙: 암, 수컷 모두
9년 정도
임신 기간: 217~248일
새끼 수: 1마리. 젖떼기는
1.5년에 이루어진다. 암컷은
매 2~3년마다 새끼를 낳는다.
먹이: 주로 과일을 먹으며
나뭇잎과 다른 식물을 먹는다.
달걀도 먹고 가끔은
무척추동물과 작은
척추동물도 먹는다.
수명: 25~30년

우림의 우거진 부분 위에 살며, 손을 사용해 가지 사이를 매달리며 대담하게 건너다닌다. 바닥에서는 거의 보이지 않는다.

이 종은 매우 민첩하며 나무에서 나무로 15m를 뛸 수 있다. 나뭇가지 아래에 매달리며 건너갈 뿐 아니라 팔을 뻗어 균형을 잡으며 나뭇가지를 따라 걸을 수도 있다. 울음소리는 매우 커서 숲의 다른 불협화음 가운데에서도 전달되어 영역을 주장하는데 도움이 된다. 나무 위에서 사는 습성을 통해 그들이 살고 있는 산림이 파괴되는 것에 특히 취약함을 알 수 있다.

세계 어느 곳에?
동남아시아에서 나타난다. 미얀마(버마), 중국과 태국, 말레이시아를 거쳐 인도네시아까지, 남쪽으로는 수마트라 섬까지 걸쳐 나타난다.

얼마나 클까?

손
손의 털 색깔 때문에 흰손긴팔원숭이라고 불린다.

사냥 기술
반사 신경이 뛰어나 날아가는 새를 잡을 수도 있고 둥지를 트는 새를 놀라게도 한다.

천연색
검은색에서 갈색 색조를 거쳐 엷은 황갈색까지 다양하다. 얼굴 주변의 털은 희다.

가늘고 긴 손바닥(왼쪽)은 잘 움켜잡을 수 있게 해 준다. 오른쪽에 보이는 것은 발이다.

자유롭게 매달리며 건너가기
팔이 길어서 매달리며 나무 사이를 건너다닐 수 있다. 손을 교대하여 나뭇가지를 잡으며 이동하는 이 방식은 팔걸이건너기라고 불린다.

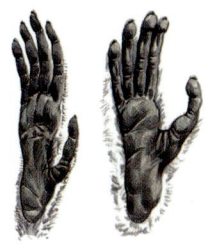

주머니긴팔원숭이
Siamang Gibbon

생태 정보
무게: 10~12kg
길이: 100cm
성 성숙: 암, 수컷 모두 7~9년
임신 기간: 약 235일. 어미가 새끼를 3~4개월간 데리고 다닌다.
새끼 수: 1마리, 간혹 쌍둥이도 있다. 젖떼기는 18~24개월에 이루어진다.
먹이: 주로 과일, 특히 야생 무화과를 먹으며 어린잎과 씨앗, 꽃도 먹는다.
수명: 최장 30년

이 종만큼 시끄러운 영장류는 드물다. 한 쌍이 우림 속에서 이동할 때 서로를 반복적으로 부른다.

주머니긴팔원숭이는 긴팔원숭이들 중에 가장 크며 숲의 중상층을 차지하고 있다. 천성적으로 텃세가 강하며 수컷은 사람을 비롯해 침입자를 내쫓으려 한다.
나무 사이를 느리게 움직일 때는 한 손을 놓기 전에 다른 한 손으로 가지를 잡지만, 빠르게 움직일 때는 공중으로 움직이도록 탄력을 사용한다. 이런 방식으로 손으로 잡았다가 다음번에 잡기까지 8~10m를 이동할 수 있다.

세계 어느 곳에?
동남아시아의 우림 지역에 제한되어 있으며, 말레이 반도에서부터 남쪽으로는 수마트라 섬까지 분포되어 있다.

얼마나 클까?

팔
몸보다 두 배 정도 길어서
나뭇가지 아래로 매달려서
이동할 수 있다.

얼굴털
눈과 코 주변에서
아래턱까지 이르는
부분엔 털이 없다.

목주머니
목주머니는
주머니긴팔원숭이의
우는 소리를
증폭시킨다.

발
각 발의 발가락 2개가
함께 붙어 있어
붙잡는 것을 돕는다.

땅으로 내려오다
팔의 길이 때문에 손을 위로 든 채로 걸어야 한다.
그렇지 않으면 팔이 땅에 끌린다.

새끼들은 어미가 숲에서 이동할 때
어미의 품에 잘 매달려 있어야 한다.

107

인드리원숭이
Indri Lemur

생태 정보
무게: 7~10kg, 수컷이 약간 더 크다.
길이: 66~96cm
성 성숙: 암, 수컷 모두 7~9년
임신 기간: 120~150일
새끼 수: 1마리. 젖떼기는 6개월쯤에 이루어지며 암컷은 보통 매 2~3년마다 새끼를 낳는다.
먹이: 주로 과일을 먹고 나뭇잎과 꽃을 포함한 다른 식물도 먹는다.
수명: 최장 40년 정도

인드리는 단순히 '저기 있다'는 뜻이다. 이것을 이 특별한 원숭이의 토착어 이름으로 착각해 붙여진 이름이다.

이 종은 대부분의 시간을 공중에서 보낸다. 발이 환경에 잘 적응되어 있어 엄지발가락을 제외하고는 발가락이 함께 붙어 있다. 나무에서는 수직으로 뛰어오르며 땅에서도 긴 팔을 머리 위로 든 채 비슷한 방식으로 움직인다. 암수 쌍은 낮에 활동적이며 소변으로 영역을 표시한다. 코와 주둥이 부분을 가지에 문질러 냄새를 남겨 자신의 영역에 침입할 동물들에게 경고한다.

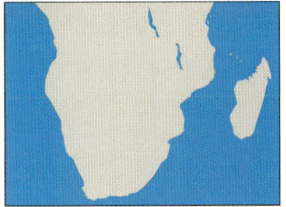

세계 어느 곳에?
아프리카 남동 해안의 마다가스카르에 제한되어 있다. 섬의 북동부 해발 1800m에서도 발견된다.

얼마나 클까?

귀
귀는 머리의 상당히 아래쪽에 위치해 있고 털이 촘촘한 독특한 생김새를 가지고 있다.

천연색
눈에 띄게 달라질 수 있다. 검은 부분이 갈색이 되거나 회색이 되기도 한다.

큰 발가락
엄지손가락보다 훨씬 크며 나뭇가지를 잡을 수 있도록 돕는다.

꼬리
아주 작게 남아 있다.
(길이가 겨우 6cm 정도)

가만히 있기
새끼들은 어미의 배에 5개월간 매달려 있고 이후 2개월간은 등으로 자리를 옮긴다.

목에서 증폭된 울음소리는 1.9km 밖에서도 들을 수 있다.

털 손질
털 손질로 짝끼리의 유대감이 강화된다.

링테일드리머
Ring-Tailed Lemur

생태 정보
무게: 2.3~3.5kg
길이: 전체적으로 103~110cm,
꼬리가 몸보다 훨씬 길다.
성 성숙: 2.5~3년
임신 기간: 약 135일
새끼 수: 1마리, 아주 드물게
쌍둥이도 있다. 젖떼기는
5개월까지 이루어진다.
먹이: 과일과 나뭇잎, 특히
타마린드 나무의 잎을 먹는다.
꽃, 견과류, 무척추동물과
작은 척추동물도 먹는다.
수명: 최장 19년,
사육되어 27년

현재 리머의 조상은 5천만~8천만 년 전 사이에 섬에 도착했다.
링테일드리머는 이 과에서 유일하게 살아남았다.

세계 어느 곳에?
마다가스카르 섬에 제한되어 있다.
주로 섬의 남부와 남서부에서 발견되며
내륙에서 안드린지트라 산악지대까지
나타난다.

꼬리의 줄무늬와 독특한 가르랑거리는 소리는
고양이를 연상시키며 학명도 이와 연관되어 있다.
이 종의 몸에는 앞 팔에서부터 생식기까지 많은 분비 기관이
있으며 냄새로 영역을 표시하는 데 사용된다.
수컷은 앞다리의 돌출부를 긁어 나무에 냄새를 남긴다.

얼마나 클까?

눈
밝은 노란색 또는 오렌지색의 눈은 검은 안경 같은 털로 둘러싸여 있다.

털
털은 빽빽하며 위쪽은 회색이고 아래쪽은 더 옅다.

꼬리
13~15개의 검은색과 흰색 줄무늬가 꼬리를 따라 번갈아 이어지고 끝은 검은색으로 끝난다.

꼬리의 역할
길이는 길지만 물건을 잡을 수는 없다. 그러나 의사소통에는 매우 유용하다.

땅 위에서
링 테일드 리머는 대부분의 다른 리머들보다 더 땅 위에서 생활하며, 가끔 땅 위에서 무리지어 다니는 모습이 관찰되기도 한다.

매우 특화된 손을 가지고 있으며 각 앞발에 있는 날카로운 발톱을 털 손질에 사용한다.

111

우아카리원숭이
Uakari Monkey

생태 정보
무게: 2.3~3.5kg
길이: 전체적으로 54~56cm, 꼬리가 몸길이의 삼분의 일 정도 된다.
성 성숙: 암컷은 약 3.5년, 수컷은 5.5년
임신 기간: 약 135일
새끼 수: 1마리, 젖떼기는 15~21개월에 이루어진다.
먹이: 강한 치아가 있어 껍질이 단단한 과일, 견과류, 무척추동물을 부술 수 있다.
수명: 야생에서 20년까지

이 종의 독특한 얼굴은 뚜렷한 목적을 가지고 있다. 암컷들은 얼굴이 붉은 수컷을 고르는데, 얼굴이 붉을수록 무리에서 가장 강한 자로 간주되기 때문이다.

우아카리원숭이들에 대한 연구에서 어려운 점은 이들이 일 년 중 대부분이 홍수로 물이 넘치는 산림지역에 나타난다는 것이다. 이들은 숲의 우거진 윗부분에서 살고, 일반적으로 조용한 본성 때문에 발견하기가 어렵다. 이들이 땅으로 내려오면, 무리의 다른 원숭이들은 다가오는 위험에 대해 경고를 하는 경비의 역할을 한다. 2008년, 브라질에서 새로운 종이 출현했다는 것이 확인되었다.

세계 어느 곳에?
정확한 분포를 알기는 어렵지만 남아메리카 북쪽 지방에서 출현한다. 아마존 분지의 중심부에 집중되어 있고, 콜롬비아와 베네수엘라에서 페루와 브라질까지 포함한다.

얼마나 클까?

얼굴의 생김새
얼굴은 머리 위쪽 끝까지 털이 없고, 밝은 빨간색을 띤다.

털
은백색을 띠는 털은 이 종의 특징이다.

코
암컷들은 짝짓기가 준비되었을 때 화학적인 물질을 방출하기 때문에, 수컷들은 좋은 후각이 필요하다.

꼬리
이 종은 신세계 원숭이 중 가장 짧은 꼬리를 가졌다.

새로운 탄생
대머리 우아카리원숭이 새끼들은 처음엔 그들의 어미 몸의 양 옆쪽을 잡고 어미 등에 업혀서 다닌다. 새끼들은 어두운 색의 털을 가지고 있다.

아종
이런 붉은 오렌지색의 털을 가진 대머리 우아카리원숭이는 완전히 다른 종류로 분류되지 않고 우아카리원숭이 아종(*C. c. rubicundus*)에 속한다.

고릴라의 콧구멍(오른쪽)과 달리 이 종의 콧구멍은 잘 나눠져 있다(왼쪽).

티티원숭이
Dusky Titi

생태 정보
무게: 0.88~1.02kg
길이: 전체적으로 약 73cm, 꼬리가 몸보다 더 길다.
성 성숙: 약 2.5년
임신 기간: 약 128일
새끼 수: 1마리. 젖떼기는 15~21개월에 이루어진다.
먹이: 주로 과일을 먹지만, 어린잎과 무척추동물도 먹는다.
수명: 약 20년, 사육될 때는 25년까지 살 수 있다.

이 작은 원숭이들은 낮 시간 동안에 활동적이고, 새벽에 잠에서 깨어난다. 밤 동안에는 보금자리에서 서로의 꼬리를 잡고 서로 꼭 붙어 있다.

티티원숭이는 상대적으로 숲의 개방된 지역에서 살고 낮 시간 동안에 활동적이어서, 이들의 주된 포식자인 맹금류에게 노출이 된다. 일단 맹금류가 나타나면 꼼짝 않고 있거나 보호색에 의존해 주위의 환경과 조화를 이룬다. 특히 과일을 먹고 있을 때 다른 종, 특히 흰목꼬리감기원숭이도 이 종을 공격한다.
번식 단계에 있는 암컷 티티원숭이들은 더 많은 단백질을 섭취하기 위해 무척추동물을 더 많이 찾는다.

세계 어느 곳에?
남아메리카에서 발견되고 브라질에만 제한되어 나타난다. 브라질을 가로질러 아마존 강 남부 삼림 지대에 산다.

얼마나 클까?

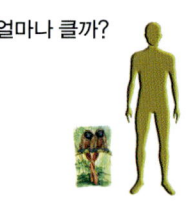

귀
귀는 작고 머리 양쪽에 거리를 두고 있어 눈에 띄지 않는다.

얼굴생김새
두 눈과 턱 윗부분까지의 중심부는 까맣고 털이 없다.

발
몸의 털과는 대조적으로 발이 검다.

꼬리
꼬리가 꽤 길고 털로 잘 덮여 있지만, 뭔가를 잡을 수는 없다.

건조시키기
건기와 우기의 시기가 해마다 달라져서 새끼 티티원숭이들은 출생 후에 바로 흠뻑 젖게 될 수도 있다.

함께 살기
이러한 원숭이들은 높이 뛰어오르거나 기어오르기 등 다양한 방법들로 이동할 수 있다. 이들은 휴식을 취할 때 서로 털을 손질하고 꼬리를 엉키게 하며 친밀한 관계를 가진다.

유령안경원숭이
Spectral Tarsier

생태 정보
무게: 94~132g
길이: 전체적으로 35~39cm, 꼬리가 몸보다 더 길다.
성 성숙: 약 1년
임신 기간: 184~194일
새끼 수: 1마리, 젖떼기는 약 69일에 이루어진다.
먹이: 주로 곤충을 먹지만, 작은 척추동물들도 먹는다.
수명: 최장 12년 정도

원숭이와 리머 모두와 관련된 눈에 띄게 작은 이 종의 머리는 180도 돌아갈 수 있다.

유령안경원숭이의 두 눈은 몸과 비교할 때 어떤 포유동물보다도 더 크다. 이들은 열렬한 사냥꾼으로 사냥 범위 안으로 먹이가 들어오는 것을 나뭇가지에서 보고 있다. 꽤 독립적이고, 야간에 활동하는 안경원숭이 중 가장 작은 종이다. 암컷은 처음에 고양이와 비슷하게 새끼 한 마리를 입으로 물어 이동하는데, 먹이를 구할 때는 일시적으로 버려두고 간다.

세계 어느 곳에?
동남아시아에 제한되어 있다. (이전에 셀레베스였던) 술라웨시 섬과 펠렝 섬, 대 상이헤 제도의 1차와 2차 우림 지역에 산다.

얼마나 클까?

눈
눈이 크고
정면을 향하고 있다.

귀
귀가 꽤 크고
멀리 떨어져 있으며
먹이인 곤충의 소리를
잘 듣는다.

다리
앞다리가 뒷다리보다
훨씬 더 짧다.

꼬리
길고 가늘며
균형을 잡도록 돕는다.

잠자기
유령안경원숭이들은 수직인 나뭇가지를 잡는데
발을 사용하며 거기서 낮 동안 잠을 잔다.

손가락은 납작하고 손가락 끝이
부풀어오른 원반 모양으로
잘 붙잡을 수 있도록 특화되어 있다.

태즈메이니아데빌
Tasmanian Devil

생태 정보
무게: 6~8kg,
수컷은 더 무겁다.
길이: 81~90cm
성 성숙: 2년
임신 기간: 21일.
아주 조그만 새끼는
어미의 주머니로 본능적으로
이동한다. 주머니에는
4개의 젖이 있다.
새끼 수: 20~30마리.
먹이 부족으로 대부분이 죽고,
살아남은 새끼들은 약 100일
후에 주머니를 떠난다.
먹이: 동물 사체를 포함한
육식을 주로 먹는다.
수명: 최장 8년

태즈메이니아데빌은 오스트레일리아의 가장 큰 육식 포유류이자 세계에서 가장 큰 육식 유대류이기도 하다.
최근 멸종의 위기에 처해 있다.

태즈메이니아데빌의 마지막 남은 서식지에서, 치명적인 암이 발견되어 이 독특한 유대목 동물을 전멸시킬 위협이 되고 있다. 1995년에 나타난 데빌 안면 종양 병(devil facial tumour disease, DFTD)이라 불리는 이 병으로 인해 일부 지역의 태즈메이니아데빌은 모두 죽었다. 분포구역의 2/3 이상이 병에 걸렸고, 같은 종의 번식으로 이 병에 노출될 우려가 있다. 종양은 입 주변과 입 안에 생겨나기 때문에, 감염된 동물은 모두 아사하게 된다.

세계 어느 곳에?
이제 오스트레일리아의 남동쪽 해안에서 떨어진 태즈메이니아 섬에 전적으로 국한되어 있다. 14세기 유럽인들이 정착하기 이전, 오스트레일리아 본토에서는 멸종되었다.

얼마나 클까?

수염
이 전문가적 감각털은 머리에서부터 돌출되어 있다.

꼬리
꼬리는 지방을 저장하는 역할을 한다. 얇은 꼬리는 건강이 좋지 않음을 나타낸다.

앞다리
다른 유대목 동물과는 달리, 앞다리가 뒷다리보다 길다.

야행성 사냥꾼
태즈메이니아데빌은 낮에는 몸을 숨기고 있다가 밤에 사냥을 한다.

싸움
태즈메이니아데빌은 서로의 영역이 겹쳤을 때 흔히 싸움을 벌인다. 종종 평생 가는 상처 자국을 남기게 된다.

태즈메이니아데빌은 살아 있는 다른 어떤 포유류보다도 훨씬 더 세게 물 수 있다.

맷치나무타기캥거루
Matschie's Tree Kangaroo

생태 정보
몸무게: 6~7.5kg.
암컷이 더 크다.
길이: 꼬리를 포함하여
93~168cm이며, 꼬리는
거의 몸길이만큼이나 길다.
성 성숙: 2년
임신기간: 39~45일.
어린 나무타기캥거루의
길이는 2.5cm이다.
새끼 수: 1마리
먹이: 주로 초식성으로
나무껍질을 포함한 식물을
먹으며 또한 무척추동물과
새의 알도 섭취한다.
수명: 14년까지 산다.

이 종은 다른 유대목 동물보다 임신 기간이 길다. 조이(joey)라고 불리는 캥거루의 새끼는 새끼주머니에 거의 1년 동안 머문다.

이 나무타기캥거루는 크기가 큼에도 불구하고 나무 위에서 사는 생활이 잘 맞는다. 잘 기어오를 수 있고, 나뭇가지 사이를 9m나 뛸 수 있다. 땅 위에서는 뛰지 않고 걷지만, 나무 위에서는 18m 높이에서 부상당하지 않고 땅으로 뛰어내릴 수 있다. 이들은 단독생활을 하는데 새끼는 거의 3.5개월 동안 암컷의 주머니에 완벽하게 숨겨져 있다.

세계 어느 곳에?
후온 반도 부근에 있는 파푸아뉴기니의 열대 우림에 국한되어 있다. 이곳은 사냥이 가능하기 때문에 나무타기캥거루는멸종위기에 이르렀다.

얼마나 클까?

천연색
상당히 색다른 적갈색과 노란색의 무늬가 있어 다른 종과 구별된다.

코
코는 크고 분홍색이며 눈에 띄는 콧구멍을 가지고 있다.

꼬리
꼬리는 긴데 나뭇가지를 움켜쥐기보다는 단순히 균형을 잡는데 사용된다.

등
등에서는 털이 반대 방향으로 자라는데, 이는 빗물이 털 위를 효과적으로 흘러 내려가도록 한다.

나무에 오르기
나무타기캥거루의 앞다리와 뒷다리 모두 이들의 자연 환경에서 돌아다니는데 도움을 주기 때문에 중요하다.

다리 길이
나무타기캥거루의 분명한 특징은 앞다리가 거의 뒷다리만큼이나 길다는 것이다.

날카로운 발톱이 정지 역할을 한다. 하지만 나뭇가지를 움켜쥐는데 도움이 되는 엄지발가락은 없다.

긴꼬리왈라비
Pretty-Faced Wallaby

생태 정보
몸무게: 7~26kg.
수컷이 더 크다.
길이: 꼬리를 포함하여
150~195cm, 꼬리는
거의 몸길이만큼 길다.
성 성숙: 암컷은 18개월에서
2년, 수컷은 2년
임신기간: 34~38일,
새끼가 태어났을 때
몸무게는 1g이다.
새끼 수: 1마리.
새끼는 새끼주머니 안에서
275일 정도 지낸다.
먹이: 풀, 양치식물과
다른 초본식물
수명: 최대 14년

이 왈라비는 무리를 지어 사는데 최대 80마리까지로 이루어진다.
긴 꼬리 때문에 '채찍꼬리왈라비' 라고도 불린다

긴꼬리왈라비는 비교적 특정한 환경에서 발견되며,
호주의 고지대 삼림 지역에 산다. 이들이 사는 영역에서는
흔히 나타나며, 또한 이 지역에 널리 퍼져 있는
오스트레일리아 산 들개 딩고의 공격 외에는 위험한 것이
거의 없다. 서늘한 겨울에는 온종일 발견되나,
더운 여름에는 이른 아침과 해질 무렵에 더 활동적이다.
해가 내리쬐는 때에는 휴식을 취한다.

세계 어느 곳에?
호주 대륙의 동부에 흔하게 나타나는데,
퀸즐랜드 주에 있는 쿡타운 주변에서부터
아래로 뉴사우스웨일스 주의 그라프턴까지
분포한다.

얼마나 클까?

천연색
눈 밑에 있는 흰 줄무늬는 몸의 갈색과 대조를 이루며, 이 왈라비를 다른 종과 구별해 준다.

꼬리
꼬리는 평행추 역할을 하여 긴꼬리왈라비가 넘어지지 않게 한다.

뒷발
풍부한 적갈색 털을 가지고 있으며 다리와 아랫부분은 검정색이다.

몸 식히기
무더운 날에는 앞발을 핥아 몸을 식힌다.

이동하기
왈라비는 강한 뒷다리에 의지해 깡충깡충 뛰면서 나아간다. 이때, 두 다리는 보조를 맞춰 동시에 움직인다.

123

붉은캥거루
Red Kangaroo

생태 정보
몸무게: 82~412kg.
수컷이 더 크다.
길이: 1.3~2.9m
성 성숙: 암컷은 14~20개월,
수컷은 약 20개월.
임신기간: 33~34일
새끼 수: 1마리
새끼는 새끼주머니 안에서
235일 정도 지낸다.
먹이: 초식성. 거의 전적으로
풀을 뜯어 먹고 산다.
수명: 야생에서 최대 15년,
사육될 때 18년.

붉은캥거루는 캥거루 과 중에서 가장 큰 동물이며 수컷은 높이가 1.8m에 이른다. 이들은 단번에 9.1m까지 뛰어오를 수 있다.

덥고 툭 트인 시골지역에서 사는 것이 붉은캥거루의 생명활동과 습성을 형성해 왔다. 저녁이 다가올 때만 활동적이며, 털이 짧아서 시원하게 지낼 수 있다. 가시범위는 거의 사방으로 확장되기 때문에 들키지 않고 이들에게 다가가기는 매우 힘들다.
수컷은 서로 권투시합을 하는데, 보통 앞다리를 이용하여 찌르고 뒷다리로 후려갈긴다.

세계 어느 곳에?
호주 내륙의 매우 건조한 시골지역 대부분에 걸쳐 나타나나, 호주 대륙의 북쪽, 남쪽, 동쪽의 연안지역에는 살지 않는다.

얼마나 클까?

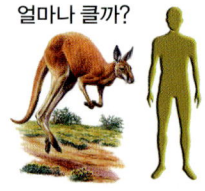

근육질의 후반신
이 후반신으로 빠르게 껑충껑충 뛸 수 있다.

꼬리
다 자란 붉은캥거루의 무거운 꼬리는 길이가 1m 이상이다.

달리는 자세
붉은캥거루는 머리를 낮추고 앞다리는 뒤쪽으로 구부린 채 뛴다.

새끼주머니 속
새끼 캥거루는 새끼주머니 안에서 어미의 젖꼭지 중 하나를 빤다.

캥거루는 보통 한 번에 한 마리의 새끼만을 낳지만, 암컷은 흔히 일생의 대부분 동안 임신하고 있다.

노란발바위왈라비
Yellow-Footed Rock Wallaby

생태 정보
몸무게: 2.7~9kg, 수컷이 더 크다.
길이: 꼬리를 포함하여 89~147cm이며, 꼬리는 거의 몸길이만큼이나 길다.
성 성숙: 암컷은 18~24개월, 수컷은 약 20개월이다.
임신기간: 30~34일
새끼 수: 1마리.
새끼는 새끼주머니 안에서 250일 정도 지낸다.
먹이: 초식성. 식물, 풀, 심지어 나무껍질까지 포함하는 초목을 먹는다.
수명: 12~18년

노란발바위왈라비는 캥거루 과 중에서 가장 밝은 색을 지닌 동물 중 하나이다. 그러나 개체 수가 줄어들고 있어서 지금은 캥거루 과 중에서 가장 희귀하다.

혹독한 환경 속에서 살기 때문에, 이 왈라비들의 번식 주기는 먹이를 구할 가능성에 의해 좌지우지된다. 가뭄 기간에는 굶주림에 직면하게 되어 암컷이 새끼에게 충분한 젖을 줄 수 없게 된다. 먹이 부족으로 배아의 형성 또한 지연되고 상황이 나아질 때만 임신이 진행된다. 암컷은 보통 수정란을 생식기에 가지고 있다.

세계 어느 곳에?
퀸즐랜드 주의 남서부부터 뉴사우스웨일스 주의 서부를 통하여 사우스오스트레일리아 주에 이르는 호주의 동부에서 나타난다. 산과 바위가 많은 지역에서 나타난다.

얼마나 클까?

천연색
윗부분은 회색이며 거무스름한 띠가 코에서부터 확장되어 눈을 둘러싸고 있다.

뒷발
발바닥은 두껍고 거친 피부로 덮여 있어서 미끄러지지 않게 한다.

꼬리
꼬리는 길고, 길이를 따라 크게 가늘어지지 않는다. 가로줄무늬가 있고, 끝은 검다.

하늘 위의 위협
이 왈라비는 민첩하여 육지의 포식자들보다 빨리 달리지만, 맹금류로부터 위협을 받는다.

이 왈라비는 바위가 튀어나온 곳으로 쉽게 뛰어올라 건너간다. 이때 앞다리를 적절한 각도로 유지하여 몸이 흔들리지 않도록 한다.

늘보주머니쥐
Common Spotted Cuscus

생태 정보
몸무게: 3~6kg,
수컷은 더 크다.
길이: 꼬리를 포함하여
65~85cm이며, 꼬리는
거의 몸길이만큼이나 길다.
성 성숙: 약 1년
임신기간: 13일
새끼 수: 1마리,
4마리까지 낳을 수 있다.
새끼는 새끼주머니 안에서
최대 220일을 지낸다.
먹이: 초식성. 초목, 주로
나뭇잎, 그리고 과일도 먹는다.
수명: 11년까지 살 수 있다.

이 유대목 동물은 손과 같은 앞다리를 가지고 있어 음식을 집고 나무를 오른다. 발톱이 없는 안쪽 발가락은 엄지손가락 역할을 한다.

형형색색의 늘보주머니쥐는 나무 위에 사는 비밀스러운 주머니쥐이다. 이들은 털이 없고, 안쪽 표면이 비늘로 뒤덮여 있으며 손 역할을 하는 꼬리가 있어 물건을 잡거나 나무를 기어오르는데도 도움이 된다. 짝짓기는 1년 중 언제든 일어나며 아주 짧은 임신기간을 거쳐 새끼가 태어난다. 이들은 태어나자마자 4개의 젖꼭지가 있는 새끼주머니로 이동한다. 늘보주머니쥐는 비단뱀과 같은 뱀과 맹금류에게 희생당한다.

세계 어느 곳에?
뉴기니에서부터 몰루카 제도까지 분포한다.
호주의 열대지역에서도 나타나는데,
해발고도 1200m에 이르는 높은 곳에
위치한 열대 우림에서 서식한다.

얼마나 클까?

귀
귀는 아주 작아서
머리의 둥근 모양을
두드러지게 한다.

눈
눈은 크고 동그랗다.

천연색
색깔은 다양하다.
수컷은 새하얗거나
또는 불그스름한 주황색,
검은색, 회색, 하얀색 털을
함께 가지고 있다.

꼬리
꼬리가 잘 구부러진다.
휴식을 취할 때에도
꼬리는 계속 말려 있다.

색의 변종
늘보주머니쥐의 무늬는 독특하다.
암컷은 등까지 이어지는
검은색의 안장 부위를 가지고 있는
경향이 있다.

나뭇가지가 갈라지는 곳에
둥지를 만들어 그곳에서
잠을 자며 시간을 보낸다.

129

주머니여우
common Brushtail Posssum

생태 정보
몸무게: 1.2~4.5kg
수컷이 더 크다.
길이: 꼬리를 포함하여 95cm, 꼬리는 거의 몸길이만큼 길다.
성 성숙: 약 1년
임신기간: 17일
새끼 수: 1마리.
새끼는 새끼주머니 안에서 155일 정도 지낸다.
먹이: 초식성. 주로 나뭇잎과 꽃, 특히 유칼립투스를 먹고 산다. 그러나 무척추동물이나 알, 짐승의 사체를 먹기도 한다.
수명: 최대12년

주머니쥐 과 동물 중 가장 큰 주머니여우는 가장 적응력이 높고, 도시 지역에서 흔히 발견되는 것으로 밝혀졌다.

주머니여우는 1830년대에 털과 먹이를 제공하는 수단으로 뉴질랜드로 도입되었다. 주머니여우는 그때부터 토종 산림 지역을 훼손시켰고, 특히 새의 둥지를 자주 습격했다. 이들은 다양한 소리를 내는데, 보통은 '딸깍' 하는 소리를 낸다. 또 수컷이 경쟁상대와 마주하게 되면 자신의 영역을 알리기 위해 뒷다리로 서서 '쉿' 하는 큰 소리를 낸다.

세계 어느 곳에?
호주의 노던 테리토리와 웨스트오스트레일리아 주에서부터 뉴사우스웨일스, 퀸즐랜드, 빅토리아, 사우스오스트레일리아 주와 태즈메이니아에 이르는 지역에서 발견된다. 이들은 뉴질랜드로 전해졌다.

얼마나 클까?

얼굴 생김새
길고 뾰족한 주둥이가 있고, 주둥이의 끝에는 분홍색 코와 두드러진 수염이 있다.

귀
귀는 크고 타원형이며 길이는 최대 6cm이다.

꼬리
꼬리의 털이 없는 부분이 꽉 붙잡을 수 있게 해 나무를 오르는데 도움을 준다.

천연색
색은 다양하며 일부 개체들은 구릿빛을 띠나 대게는 회색빛을 띠거나 검은색이다.

발톱
주머니여우는 선천적으로 나무 위에서 살며 발가락에는 강한 발톱이 달려 있어 나무 위를 잘 돌아다닌다.

독이 든 먹이
유칼립투스 잎에 있는 독성 화학물질은 주머니여우들에게 자주 먹히지만 특별한 보호가 필요한 것은 아니다. 주머니여우로서는 유칼립투스 잎을 자주 먹기 때문에 이것이 가진 독성 화학물질이 이들에게 아무런 해가 되지 않는다.

코알라
Koala

생태 정보
몸무게: 5~14kg.
수컷은 더 크다.
길이: 95cm
성 성숙: 암컷은 2~3년,
수컷은 3~4년
임신기간: 34~36일.
갓 태어난 코알라는 2cm이고
무게가 1g 이하이다.
새끼 수: 1마리.
새끼는 새끼주머니 안에서
215일 정도 지낸다.
먹이: 유칼립투스 잎을 먹으며
이로 인해 코알라가 독특한
체취를 낸다.
수명: 12년

코알라는 자주 곰으로 묘사되지만, 사실 캥거루와 같은 유대목 동물이다. 코알라의 털에서는 화한 향이 난다.

코알라는 세계에서 가장 빨리, 정확하게 알아볼 수 있는 동물 중 하나이며 대부분의 동물에게는 유독성인 유칼립투스 잎을 먹이로 먹을 수 있는 유일한 3종류의 포유류 중 하나이기도 하다. 날카로운 앞니로 잎을 따내어 어금니로 씹어 잘게 부순다. 수컷과 암컷 모두 생식계가 특이하다. 수컷은 음경이 두 갈래로 나뉘어져 있고, 암컷은 포유류 중 유일하게 2개의 질을 가지고 있다.

세계 어느 곳에?
호주 연안에 있는 섬들을 포함하여 북쪽의 퀸즐랜드 주의 애서턴 테이블랜드에서부터 아래로 뉴사우스웨일스 주를 통해 빅토리아와 사우스 오스트레일리아 주에 이르는 지역에서 발견된다.

얼마나 클까?

새끼
어린 코알라는 새끼주머니에서 나온 뒤에 어미의 등에 업혀 다닌다.

코
까만 코는 눈에 잘 띄며, 콧구멍은 아래를 향해 나있다.

크기
더 먼 남쪽의 시원한 날씨에 사는 코알라의 크기가 가장 크다.

앞발
마주보고 있는 엄지발가락들 덕분에 코알라가 나무 위를 쉽게 오르며 나뭇가지를 움켜쥘 수 있다.

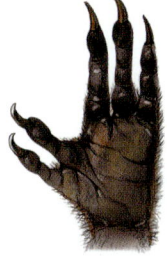

고정시키기
코알라가 앞다리로 먹이를 먹을 때, 뒷발에 달린 밖으로 휜 엄지발가락을 이용하여 나무를 잘 움켜쥔다.

나무 꼭대기에서의 안전
코알라는 선천적으로 활동적이지 않지만, 땅에 떨어지지 않고 나뭇가지 사이를 능숙하게 옮겨 다닌다.

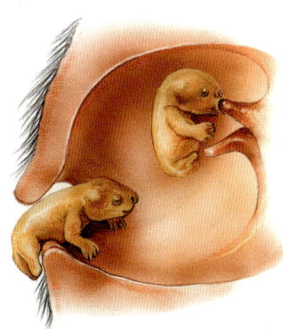

쌍둥이가 태어나는 것은 드물지만, 암컷의 주머니에는 2개의 젖이 있다.

워일리
Brush-Tailed Bettong

생태 정보
몸무게: 1.1~1.6kg
길이: 몸길이만큼이나 긴 꼬리를 포함하여 48~76cm이다.
성 성숙: 약 6개월
임신기간: 21일
새끼 수: 1마리. 새끼는 새끼주머니 안에서 90일 정도 지낸다.
먹이: 주로 곰팡이류를 먹고 살지만 구근, 씨앗, 곤충 또한 먹는다.
수명: 야생에서 4~6년, 사육될 때 9년까지 산다.

이 특이한 유대목의 개체 수가 현저하게 줄어든 이유 중 하나는 이들의 영역에 있는 초원에서 불이 나는 횟수가 감소한 것이다.

워일리는 특이하게 곰팡이류를 먹고 사는데, 곰팡이류만이 소화관에 있는 박테리아에 의해 분해될 수 있다. 주기적으로 초원에 불이 나지 않으면, 곰팡이류가 잘 자라지 못하여 워일리의 먹이가 줄어든다.
양들이 풀을 뜯어먹고, 여우들이 워일리를 잡아먹는 것 또한 이들의 개체 수가 줄어드는 원인이기도 하다.
짝짓기 후 워일리의 배아는 일단 암컷의 자궁에 머물러 있으며, 새끼주머니가 비어 있으면 발달하기 시작한다.

세계 어느 곳에?
호주 사우스오스트레일리아 주의 덤불과 초원이 있는 지역에 살며, 웨스턴오스트레일리아 주에 있는 바닥이 잔디로 된 개방된 유칼립투스 숲을 선호한다.

얼마나 클까?

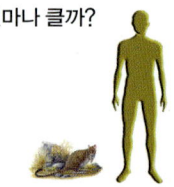

천연색
몸의 위쪽은 대부분 회색이고 아래쪽은 희끄무레한 색이고, 꼬리 끝은 검은색이다.

코와 주둥이
코와 주둥이 부분은 대게 털이 없다

앞다리
앞다리는 매우 짧으나 날카로운 발톱을 가지고 있어서 땅을 효율적으로 팔 수 있다.

야간 먹이 찾기
이 유대목 동물은 선천적으로 야행성이고 낮에는 둥지에 숨어서 시간을 보낸다.

둥지 짓기
물건을 잡을 수 있는 꼬리를 이용하여 풀을 나르고 이것으로 둥지를 짓는다.

긴발쥐캥거루
Long-Footed Potoroo

생태 정보
몸무게: 1.6~2kg
길이: 몸길이만큼이나
긴 꼬리를 포함하여 72cm.
성 성숙: 약 2년
임신기간: 21일
새끼 수: 1마리.
새끼는 새끼주머니 안에서
145일 정도 지낸다.
먹이: 주로 땅에서 캐낸
곰팡이류를 먹는다.
수명: 13년까지 살 수 있다.

이 유대목 동물은 독특한 쥐 같은 생김새 때문에 쥐캥거루로도 묘사된다. 쥐처럼 먹이를 앞발로 잡기까지 한다.

혼자서 사는 이 작은 유대목 동물은 겨우 1968년에 발견되었고, 분포는 매우 국한되어 있지만 사는 지역의 생태계에 중요한 역할을 하고 있다. 왜냐하면 이들이 먹은 곰팡이류를 똥을 통해 퍼뜨리기 때문이다.
긴발쥐캥거루는 멸종 위기에 처한 것으로 여겨지며, 그 이유 중 하나는 이들의 제한된 서식 영역 때문이고, 이들이 사는 삼림 지역의 감소가 가장 큰 이유가 된다. 또한 야생 고양이뿐만 아니라 여우의 공격에도 취약하다.

세계 어느 곳에?
이 호주 종은 3개의 별개 개체군이 있는데 뉴사우스웨일스 주, 그레이트 디바이딩 레인지 산맥 부근과 깁스랜드의 동부에 살고 있다.

얼마나 클까?

얼굴의 특징
머리는 삼각형이고, 눈에 잘 띄는 코와 수염, 작고 동그란 귀와 작은 눈을 가지고 있다.

앞발
앞발의 강한 발톱으로 땅을 파서 먹이를 찾는다.

뒷다리
복숭아 색의 뒷다리가 길어서 긴발쥐캥거루라는 이름을 갖게 되었다.

천연색
몸의 윗부분은 갈색을 띠는 검은색이고 배는 엷은 회색이다.

불과 곰팡이류
산불이 이 유대목의 주된 먹이인 곰팡이류의 성장을 촉진시킨다.

긴발쥐캥거루와 캥거루(위쪽)의 머리 모양 비교

충분하지 않은 공간
암컷의 새끼주머니에는 한 번에 새끼 한 마리만을 담을 수 있다.

137

천산갑
Pangolin

생태 정보
무게 : 나무천산갑 1.6kg에서 큰 천산갑은 33kg까지 다양하다.
길이 : 63~150cm
성 성숙: 2년
임신 기간 : 65~139일
새로 태어난 천산갑은 비늘이 부드럽다.
새끼 수: 1마리, 아시아 품종에서는 최대 3마리도 가능하다. 젖떼기는 약 3개월에 일어난다.
먹이: 개미와 흰개미
수명: 20년까지

이 특이한 포유동물의 이름은 말 그대로 '둘둘 마는 어떤 것'을 의미하는 말레이시아 낱말 'pengguling'으로부터 유래했다. 천산갑은 '가시가 있는 개미핥기'로도 불린다.

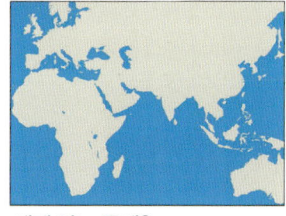

세계 어느 곳에?
아시아에서 발생하는 일곱 가지 품종이 있다. 인도로부터 인도차이나까지, 동쪽으로는 중국과 남쪽으로는 인도네시아, 그리고 또한 아프리카 대부분의 지역을 거쳐 발생한다.

많은 천산갑들은 선천적으로 야행성이다. 그러나 긴꼬리천산갑은 낮에 사냥을 한다. 그들의 예리한 후각 덕분에 개미집의 정확한 위치를 찾아내어 부순다. 그리고 나서 최대 40㎝의 긴 혀를 사용하여 안의 곤충을 끄집어낸다. 천산갑은 혀를 계속 끈적이게 하는 특수한 침샘을 가지고 있어 가능한 한 많은 곤충을 잡을 수 있다. 위협을 받으면 항문샘으로부터 산성 분비물을 뿌리기도 한다.

얼마나 클까?

비늘
비늘은 튼튼하고 케라틴으로 이루어져 있다.
(인간의 머리카락과 손톱에서 발견되는 것과 같은 물질이다.)

얼굴
길고 좁다.
이는 없지만
늘어날 수 있는
혀가 있다.

앞발
앞발은 전문화된 기능을 하며
길고 날카로운 발톱이 있어
개미집과 흰개미집을 부순다.

꼬리
길고 유연한 꼬리는
비늘로 잘 보호되어 있다.

생활양식
일부의 천산갑은 나무에서 사는
반면 다른 천산갑들은 지표면으로부터
3.5m까지 땅에 굴을 판다.

물건을 잡을 수 있는 꼬리
천산갑은 자기 몸을 지탱하기 위해
꼬리를 손처럼 사용할 수 있다.

천산갑의 앞다리는 비교적 짧다.

피그미개미핥기
Pygmy Anteater

생태 정보
무게: 175~357g
길이: 36~52cm
성 성숙: 약 1년
임신 기간: 120~150일.
새끼들은 잎으로 둘러 싸여진
나무 구멍 속에서 태어난다.
새끼 수: 1마리.
약 5개월 뒤에 젖을 뗀다.
먹이: 거의 전적으로 나무 위에
사는 개미들을 먹고 사는데,
하루에 최대 8천 마리까지
먹는다. 또한 흰개미와
딱정벌레도 먹는다.
수명: 최소한 2.5년 이상

피그미 개미핥기는 세계에서 가장 작은 개미핥기이다. 부드러운 감촉의 털 때문에 때때로 비단개미핥기라고도 불려진다.

이 개미핥기들은 연속되는 열대 우림 지역에서 사는데, 땅에 내려오지 않고, 나무와 나무 사이를 쉽게 이동할 수 있다. 이들은 판야나무에 자주 나타나는데 판야나무의 종자를 덮고 있는 껍질이 개미핥기와 같은 색깔이어서 보호색을 제공해 주는 셈이다. 나무 꼭대기에서 그들을 잡아낼 수 있는 하피독수리나 다른 맹금류, 특히 개미핥기가 활동하고 있을 때 밤사냥을 하는 안경올빼미의 위험에 노출되어 있다.

세계 어느 곳에?
신세계에서 발견되는데, 멕시코 남쪽에서부터 아래로 중미 그리고 남미의 아마존 지역까지 분포하며, 브라질과 파라과이까지 이른다.

얼마나 클까?

털
털은 황금갈색이고, 아랫부분은 옅은 색이다. 매우 빽빽한 털을 가지고 있다

발
발톱과 발바닥이 매우 커서 나뭇가지들을 잘 잡을 수 있다.

잡을 수 있는 꼬리
손과 같이 나뭇가지를 잡을 수 있다.

잠자기
이 개미핥기들은 낮 시간에 나무에서 몸을 공처럼 말아 잠을 잔다.

공격적인 모습
위협을 받으면 뒷다리로 서서 자신을 크게 보이도록 만들고 발톱으로 후려갈기려든다.

앞 발톱(왼쪽)과 뒷발톱의 구조가 다르다.

141

호프만두발가락나무늘보
Hoffman's Two-Toed Sloth

생태 정보
무게: 4~8kg
길이: 58~70cm
성 성숙: 암컷은 3년,
수컷은 4~5년
임신 기간: 최대 365일
새끼 수: 1마리,
1달 후에 젖을 뗀다.
새끼는 2~3달 동안
어미와 함께 산다.
먹이: 초목, 과실, 장과류,
나무껍질 그리고 때때로
알과 설치류
수명: 12년,
사육되어 최대 31년

호프만두발가락나무늘보는 천성적으로 느리게 움직이고 야행성이며 나뭇가지에 거꾸로 매달려서 생의 대부분을 보낸다. 이런 목적 때문에 새끼들은 발톱을 가지고 태어난다.

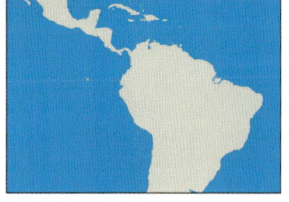

세계 어느 곳에?
열대 우림 지역, 중미의 니카라구아에서 시작해서 남미의 페루, 볼리비아와 브라질까지 확장된다. 아마도 파나마에서 가장 흔히 볼 수 있다.

두발가락나무늘보는 두 가지 다른 종이 있다. 겉모습은 유사하지만, 산림 지역에서 거의 섞이지 않고, 동족인 세발가락나무늘보들과 분리되어 나타나는 경향이 있다. 이 두 동물군 중에 나무에서 내려올 때 머리부터 내려오는 종이 두발가락나무늘보로 구별된다. 이들은 많은 양의 초목을 먹는데, 소화기 계통을 거쳐 지나가는데 최대 한 달이 걸린다. 대부분의 포유동물과는 다르게, 몸을 떠는 능력을 가지고 있지 않다.

얼마나 클까?

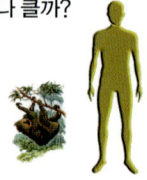

뒷발톱
다른 나무늘보들과 같이,
뒷발에 세 개의 발톱이 있다.

앞발톱
이름이 나타내는 것처럼,
이 종은 두 개의 발톱이 있다.

천연색
몸은 얼굴과 대조적으로 까맣다.
아랫부분은 옅은 색이다.

주둥이
주둥이가 상대적으로
눈에 띄게 발달되어 있고,
콧구멍도 확연히 보인다.

편안한 생활
나무늘보는 대부분의 시간을
나무에 매달려서
휴식을 취하면서 보낸다.

중요한 것
땅에서 잡히면, 나무늘보들은
매우 날카로운 발톱을 사용해서
상대를 공격함으로 자신을 보호한다.

발톱뿐 아니라 발바닥은
매달리는 것을 유지하는 데
도움이 된다.

큰개미핥기
Giant Anteater

생태 정보
무게: 22~40kg,
수컷이 더 크다.
길이: 165~220cm
성 성숙: 2.5~4년
임신 기간: 190일,
어미는 꼬리로 지탱하면서
서서 출산을 한다.
새끼 수: 1, 때때로 2.
약 6개월 후에 젖을 뗀다.
먹이: 개미들과 흰개미들을
먹고 살지만, 공격적인
군대 개미들은 피한다.
수명: 야생에서 최대 15년,
사육될 때는 26년

이 종은 가까운 친척이 없어 자신의 독립적인 과로 분류되지만 자이언트판다와 몇몇 특성들을 공유한다.

큰개미핥기들은 오르기도 잘하고 수영도 놀랍도록 잘하지만, 동족 작은개미핥기들보다는 땅에서 생활하는 경향이 있다. 개체들은 약탈할 수 있는 충분한 둥지들이 있는 넓은 지역을 차지한다. 하나의 큰개미핥기가 하루에 최대 3만 마리의 개미를 먹을 수 있다. 이들의 효과적인 섭식 방법이라면, 혀가 개미 둥지를 1분에 최대 160번을 미끄러지듯 왔다갔다 할 수 있다는 것이다.
새끼들은 어미의 등에 업혀서 이동한다.

세계 어느 곳에?
중앙아메리카 과테말라에서 시작해서 남미의 안데스 산맥 동쪽과 남쪽으로는 아르헨티나 북서쪽 지역과 우루과이까지 분포한다.

얼마나 클까?

눈
두 눈은 매우 작고,
머리 양쪽의 꽤 아래 부분에
위치해 있다.

털
털은 거칠고 뻣뻣하며
가슴의 줄무늬를 포함하여
독특한 무늬들이 있다.

주둥이
좁고 가늘고 약간 굽었으며
콧구멍이 끝부분에 위치해 있다.

앞다리
앞다리는 곧고
회색빛이 있는 흰색이며,
눈에 잘 띄는 검은색 줄무늬가
발목과 발을 가로질러 나타난다.

꼬리
길고 털이 많으며,
개미핥기가 기어오를 때
꼬리가 잡아주지는 못한다.

혀
큰개미핥기의 가느다란 혀는 거대한 벌레 같고,
내밀었을 때 길이가 무려 61㎝ 정도가 된다.

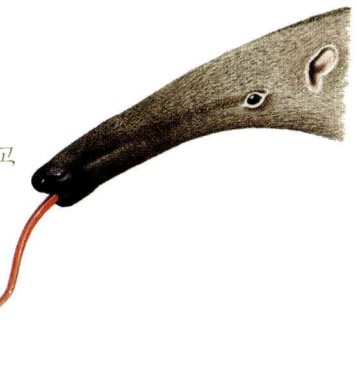

개미핥기의 날카로운 앞발톱은
개미나 흰개미의 집 벽을
쉽게 붕괴시킬 수 있다.

145

작은개미핥기
Southern Tamandua

개미핥기 과 중에서 칼라를 가진 개미핥기로 유명하다. 색이 근원 지역에 따라 뚜렷하게 다양하다.

작은개미핥기들은 하루 중 대부분의 시간을 나무구멍 속에서 잠자는 것으로 보낸다. 땅에서 걷는 것을 힘들어 하는 이유는 날카로운 발톱으로부터 손바닥을 보호하기 위해 발의 바깥쪽을 사용해야 하기 때문이다.
작은개미핥기는 항문샘에서 만들어 내는 불쾌한 냄새로 파리나 모기와 같은 곤충들을 끌어들인다.

생태 정보
무게: 3~7kg
수컷이 더 크다.
길이: 93~147cm,
꼬리가 거의 몸길이와 같다.
성 성숙: 1년
임신 기간: 130~150일
새끼 수: 1마리,
생후 3달 후에 젖을 뗀다.
먹이: 나무 위에 사는 개미나 흰개미를 먹고 사는데, 군대 개미와 같이 효과적으로 자신을 보호할 수 있는 것들은 피한다.
수명: 최대 9.5년

세계 어느 곳에?
안데스 산맥의 동쪽 지역에까지 이르는 남아메리카에 살고 있다. 북쪽으로는 베네수엘라에서부터 남쪽으로 아르헨티나와 우루과이에 이르기까지 발생한다.

얼마나 클까?

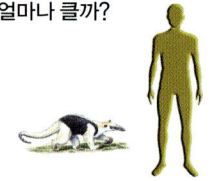

귀
귀는 크고 길쭉하다.

천연색
동남쪽 지역에서 기인한 작은개미핥기는 어깨에서 엉덩이까지가 검정색 무늬가 있다. 그 밖의 다른 지역에서 기인한 것들은 색깔이 금발에서 검은색까지 다양하다.

앞발
앞발에는 네 개의 발톱이 있고, 뒷발에는 각각 5개의 발톱이 있다.

꼬리
잡을 수 있는 꼬리는 땅에서 떨어져 있을 때 개미핥기를 지탱한다. 밑면과 끝부분에는 털이 없다.

유동적인 먹이
남쪽의 작은개미핥기는 곤충의 둥지에 다다르기 위해 나뭇가지에 매달릴 수 있다. 위협을 느꼈을 때에도 이러한 자세를 취하며, 강력한 앞다리를 이용해 덤빌 수 있다.

작은개미핥기는 땅에서 달릴 수 없지만 궁지에 몰리면 포식자에게 달려든다.

아시아코끼리
Asian Elephant

생태 정보
무게: 3000~5000kg
길이: 6.5~7.7m,
일어섰을 때 어깨까지 3m
성 성숙: 약 14년
임신 기간: 18~22개월
새끼 수: 1마리,
젖떼기는 4년까지 이루어진다.
먹이: 풀과 나뭇잎 등을
하루에 150kg 정도 먹는
초식동물.
수명: 대략 70년까지

이 종은 짐을 운반하는 짐승의 역할뿐만 아니라 그들이 거주하는 지역의 많은 국가 문화에서 중요한 역할을 한다.

이 종은 아시아에서 육지에 사는 포유류 중에 가장 크다. 아프리카코끼리보다 아시아 코끼리가 더 사육하기 쉽다고 증명이 되었지만 그동안 아시아코끼리들은 상아와 식용 고기로 사냥되는 것에서 보호받지 못했다. 이들이 서식하는 숲의 큰 면적이 사라지는 것도 이 종의 수에 악영향을 미쳤다.

세계 어느 곳에?
남부 아시아에 퍼져 있다. 인도와 스리랑카 동쪽 지역으로부터 중국을 가로질러 남쪽으로는 수마트라와 보르네오를 포함한 섬들까지 이른다.

얼마나 클까?

귀
작은 귀를 통해 아시아코끼리와 아프리카코끼리를 구별할 수 있다.

피부
거칠고, 회색이 도는 갈색이며 뻣뻣하고 검은 털이 산발적으로 나 있다.

상아
수컷에게만 상아가 있다. 이런 변형된 앞니는 길이가 약 1.5m까지 자란다.

발
크고 둥글며, 뒷발에 4개의 발톱이 있다.

아시아코끼리는 코 윗부분에 하나의 손가락을 가졌고(위), 아프리카코끼리 종들은 두 개를 가졌다. (아래)

더 깊이 잠수하기
아시아코끼리들은 수영을 잘하고, 물속에서 숨을 쉬기 위해 마치 잠수용 튜브처럼 코를 사용한다.

버지니아주머니쥐
Virginia Opossum

생태 정보
무게: 1~2kg
길이: 꼬리 포함 55~65cm
성 성숙: 1년까지
임신 기간: 13일. 새끼는 어미의 주머니에서 1~2개월을 지낸다.
새끼 수: 6~25마리지만 한 배에서 난 새끼들이 많을수록 사망률이 더 높다. 3개월부터 젖을 뗀다.
먹이: 잡식성으로, 설치류와 알, 썩은 고기, 무척추동물, 식물과 과일도 먹는다.
수명: 2~4년

버지니아주머니쥐는 북아메리카에서 발견되는 유일한 유대목 동물이다. 살아 있는 포유류 무리 중 가장 오래된 동물 중 하나를 대표하며 그들의 혈통은 7천만 년 전으로 거슬러 올라간다.

새끼 버지니아주머니쥐가 안전한 어미의 주머니를 떠나더라도 8주까지는 어미가 새끼를 안고 다닌다. 위험에 처하면 버지니아주머니쥐는 으르렁거리고 위협적으로 이빨을 드러낼 수도 있지만, 실제로 자신을 보호하기 위해 할 수 있는 일은 별로 없다. 죽은 먹잇감에 관심을 갖지 않는 고양이 앞에서는 죽은 척하기도 한다. 이런 습성으로 인해 '시치미 떼다, 꾀병을 부리다(playing possum)' 라는 말이 생겨났다.

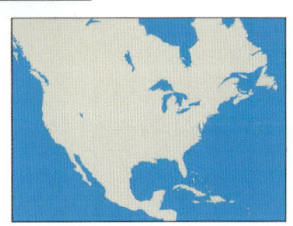

세계 어느 곳에?
북아메리카에 넓게 분포하고 있다. 캐나다의 브리티시 콜럼비아 주부터 미국의 록키산맥 동편과 서부 해안을 거쳐 멕시코까지 나타난다.

얼마나 클까?

털
털 색깔은 회색 조에서 검정색까지 다양하다.

얼굴 특징
버지니아주머니쥐의 주둥이는 좁고, 코는 분홍색이며 눈에 잘 띄는 수염이 있다.

이빨
50개 정도의 작고 날카로운 이빨이 입 안에 빽빽하게 나 있다.

꼬리
꼬리로 물건을 잡을 수도 있고 꼬리를 이용해 공중에서 몸을 지탱할 수도 있다.

위기의 순간에 죽은 척 연기하여 목숨을 지키는 버지니아주머니쥐

자세
이 버지니아주머니쥐는 나뭇가지 위를 네 다리로 걸어 다니며, 앉아서는 후반신으로 몸을 지탱한다.

151

흰가슴담비
Beech Marten

생태 정보
몸무게: 1.1~2.3kg
길이: 62~80cm
성적 성숙: 15~27개월
임신기간: 약 250일
새끼 수: 1~4마리. 새끼가 1살이 되면 가족이 흩어진다.
먹이: 기회주의적으로 작은 포유류와 새를 잡아먹으며, 또한 무척추동물, 과일과 산딸기류 열매도 먹는다.
수명: 야생에서 10년까지, 사육될 때는 18년까지 산다.

이 특별한 담비는 툭 트인 너도밤나무 숲 지역에 서식하지만 산림에만 의존하지 않고 때때로 사람의 거주지역 근처에서 발견된다.

세계 어느 곳에?
유럽 대부분의 지역에 걸쳐 사는데, 북쪽으로는 덴마크와 남쪽으로는 로도스 섬과 코르푸 섬과 같은 지중해 섬에서 산다. 아시아에도, 멀리는 몽골까지 이어진다.

적응력이 아주 좋은 이 족제빗과의 동물은 나무 위에 있는 새 둥지를 털어 알의 내용물을 빨아 먹기도 하고, 빌딩들 주변에서 설치류를 사냥하거나 쓰레기 더미를 뒤지기도 한다. 흰가슴담비는 선천적으로 단독생활을 하고, 수컷의 영역이 여러 암컷의 영역들과 겹친다.
이들은 1시간 정도 지속될 만큼 짝짓기를 오래한다. 수컷족제비는 암컷의 위에서 암컷의 목 아래에 있는 지방 부위를 이빨로 물어 자신을 고정시킨다.

얼마나 클까?

머리
귀는 넓지만 상당히 낮게 달려 있고, 눈은 앞쪽을 향하고 있다. 턱은 좁지만 힘이 있다.

천연색
털은 다양한 갈색이며, 흔히 하얀 털이 턱받이 모양으로 가슴 앞까지 이어져 있다.

턱받이 모양의 털
몸 앞쪽에 턱받이 모양의 털이 있는데, 모양과 색깔이 모두 다양하다.

꼬리
꼬리는 길고 숱이 많아 보인다.

먹이 찾기
다양한 종류의 먹이를 먹고 사는데, 구할 수 있다면 정원에 떨어진 과일까지도 먹는다.

선천적으로 호기심이 많아서 모든 종류의 사물을 살펴본다.

거대코끼리땃쥐
Giant Elephant Shrew

생태 정보
무게: 0.4~0.6kg
길이: 전체적으로 41~56cm,
꼬리는 거의 몸길이만하다.
성 성숙: 아마 약 6개월
임신 기간: 약 40일
새끼 수: 1마리,
젖떼기는 28일에 일어난다.
암컷은 매년 4~5마리의
새끼를 낳고, 임신과 젖분비가
동시에 일어난다.
먹이: 주로 식충성. 개미와
흰개미 같은 무척추동물들을
먹고 산다.
수명: 4~5년

이 코끼리땃쥐의 크기 때문에 붙여진 '거대한(giant)'이라는 용어는 상대적인 것이다. 코끼리땃쥐는 코끼리의 먼 동족으로 여겨진다.

영역을 표시하는 것은 이 코끼리땃쥐에게 있어 사회적 의사소통의 중요한 표현이며 꼬리 아래에 특별한 분비선이 그 역할을 한다. 이들은 쌍으로 살거나 가족 단위로 살며, 천성적으로 시끄러워 연락을 취하기 위해 자주 찍찍 소리를 낸다. 위험의 징후가 조금이라도 있으면, 꼬리로 탁 내리쳐 무리의 다른 구성원들에게 즉각적으로 알 수 있는 신호를 보낸다. 밤보다는 낮 동안에 활동적인 경향이 있다.

세계 어느 곳에?
아프리카의 중부, 동부, 남동부 지역들에서 나타난다. 우간다, 탄자니아, 자이르, 그리고 콩고 민주 공화국, 아래로 모잠비크, 잠비아, 말라위까지 살고 있다.

얼마나 클까?

외모
코끼리땃쥐는 뒷다리의 길이 때문에 옆모습이 곱사등이로 보이기도 한다.

천연색
털 색깔은 베이지색부터 검정색까지 다양하며 종종 얼룩덜룩한 느낌이 있다.

코
예민하고 유연하며 주둥이같이 생긴 코는 낙엽 아래와 초목들 사이를 살피기 위해 진화되었다.

꼬리
꼬리는 길고 비교적 날씬하며 끝으로 갈수록 얇아진다.

둥지 짓기
코끼리땃쥐는 나뭇잎 한 무더기를 둥지로 만드는데 땅 속의 구멍 안에 나뭇잎들을 모은다.

텃세가 강한 성질
shrew(뾰족뒤쥐)라는 단어는 사실 villain(악당)을 의미하며 이 작은 포유동물들의 공격적인 성향을 나타낸다.

냄새 표시

벌거숭이두더지쥐
Naked Mole Rat

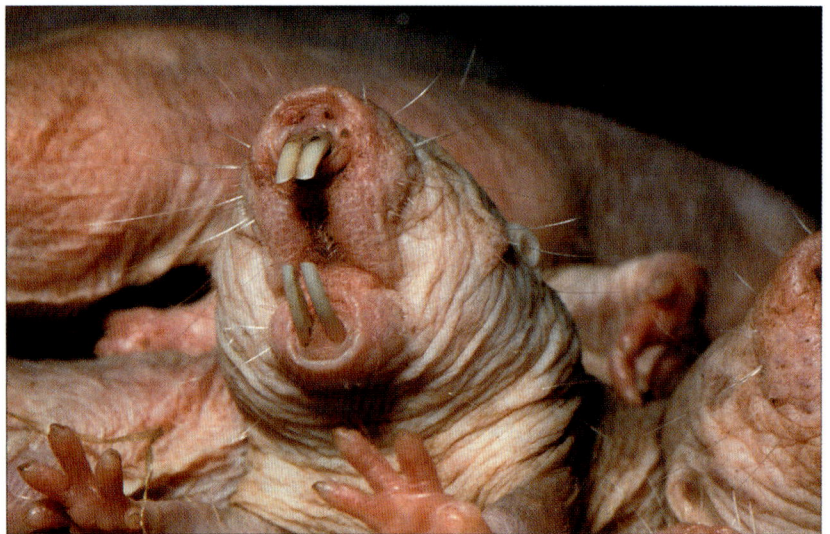

생태 정보
무게: 30~80g,
여왕들은 일꾼들보다
두드러지게 크다.
길이: 8~10cm
성 성숙: 6~12개월
임신 기간: 66~74일
새끼 수: 3~12마리,
한 배에서 최대 27마리까지
나며, 여왕들은 1년에
최대 4회의 새끼를 가진다.
먹이: 뿌리와 식물을 먹는다.
수명: 사육될 때 최장
25년까지 살아 가장 오래 산
설치류가 되었다.

이 특이한 설치류들은 마른 몸과 짧은 다리를 가져 지하에 사는 생활방식에 잘 어울린다. 이들의 사회적인 구조는 흰개미들과 유사하다.

한 무리가 최대 300마리 정도 되며 우세한 암컷이 중심에 있는데, 이것은 흰개미 군집의 여왕에 상응한다. 여왕은 새끼를 낳는 유일한 암컷이며, 다른 암컷들의 생식 주기를 억제하는 역할을 한다. 그러나 만약 여왕이 죽거나 죽임을 당하면, 다른 암컷이 곧 그 자리를 차지하게 된다. 다른 모든 두더지쥐들은 일을 하거나 크게 자라서 군집을 보호하는 역할을 한다.

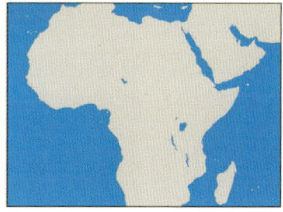

세계 어느 곳에?
동아프리카의 초원지대에 나타난다.
주로 에티오피아 남쪽과 소말리아에서
나타나며 케냐에서도 산다.

얼마나 클까?

몸
입과 몸 주위에 몇 개의 긴
감각모 외에는
피부에 털이 거의 없다.

눈
눈은 매우 작고
거의 기능을 하지
못한다. 하지만
어둠과 비교해서
빛을 감지할 수는
있다.

귀
귓바퀴는 매우 작으며
거의 눈에 띄지 않는다.

앞니
위아래 턱에서 돌출된
큰 앞니가 입술 위로 뻗어 있다.

지하 생활
두더지쥐들은 서로 연결된 터널에서 사는데,
거기서 모래흙에서 자라는 덩이줄기를 찾는다.
이것들은 때때로 굴속에 저장된다.

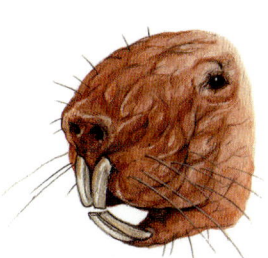

특이하게도 앞니가
입술 앞으로 나 있다.

터널 뚫기
두더지 쥐들은 말 그대로 단단한 토양을
파고 들어간 후 다리를 이용해 뒤쪽으로,
굴 밖으로 흙을 퍼낸다.

157

북아메리카비버
North American Beaver

생태 정보
무게: 11~30kg
길이: 105~170cm
성 성숙: 1.5~2년
임신 기간: 약 106일
새끼 수: 2~3마리,
한 배에서 최대 8마리까지 가능하며 늦은 봄에 태어난다.
먹이: 식물을 먹으며 따뜻한 계절엔 더 부드럽고 목질이 아닌 식물을 선호한다. 겨울에 다른 먹이가 없을 땐 나무껍질과 나뭇가지로 전환한다.
수명: 10~15년

모든 설치류들 중에 가장 쉽게 알아볼 수 있는 동물 중 하나인 이 종은 지역 내 수로의 흐름을 바꾸는 등 뚜렷한 영향을 끼친다.

비버들은 만약 누구에게도 방해 받지 않으면 수 년 동안을 한 지역에서 지내며, 댐과 거처를 추가하고 재건축한다. 거처의 바깥지름은 최대 4m까지 이르고, 입구를 물 아래로 내서 노출되지 않고 왔다갔다 할 수 있게 한다. 뿐만 아니라 겨울에 수면의 물이 얼면 물 밑으로 피할 수 있다. 거처 안에는 가족이 살 수 있는, 주변보다 높은 마른 공간이 있다.

세계 어느 곳에?
알래스카에서 동쪽으로 래브라도까지, 그리고 남쪽으로 북 아메리카의 대부분 지역과 아래로 플로리다와 멕시코까지에 걸쳐 있다. 아시아를 포함한 세계 곳곳의 다른 지역에도 들어왔다.

얼마나 클까?

얼굴
머리가 정사각형에 가깝고,
날카로운 앞니와 강한 턱 근육이
조화를 이룬다.

털
빽빽하고 방수 기능을 하는 털은
전형적으로 붉은빛이 도는
갈색이지만, 노란색에서
검은색까지 다양하다.

꼬리
크고, 넙적하다.
비늘로 덮였으며 털은 없다.
노와 배의 키 역할을 한다.

비버들은 땅 위에선
약간 어색해 보이지만,
특히 어린 나무들을 갉을 때는
종종 후반신으로 앉아 있기도 한다.

거주지
비버들은 위대한 건축자들이다.
이들은 막대기를 이용해 거처를 짓고,
강에 댐을 만들어 안전성을 높인다.

기니피그
Guinea Pig

생태 정보
무게: 약 340g
길이: 35cm
성 성숙: 74~77일, 암컷이 수컷보다 약간 더 일찍 성숙한다.
임신 기간: 63~68일
새끼 수: 2~3마리, 출산 직후 새끼 스스로 먹을 수 있지만, 보통 3~4주 후에나 젖을 뗀다.
먹이: 날카로운 앞니를 사용해서 풀, 목초 등을 조각낸다.
수명: 최장 6년

오늘날 인기 있는 이 애완동물의 조상은 수천 년 전에 남아메리카 본국에서 식량 자원으로써 처음 사육되었다.

기니피그는 종종 케이비(cavy)라고 불리는데, 이것은 이들의 학명을 반영한 것이다. 이 설치류는 특이한 생화학적 특징을 인간 및 마모셋과 공유하고 있다. 괴혈병에 걸리는 것을 피하기 위해서 체내에서 생성할 수 없는 비타민 C를 먹어야만 한다.

본성적으로 사회적인 동물이고, 밖에 나오면 서로 계속 접촉하기 위해 재잘거리는 소음을 낸다. 이들은 덤불이나 바위 아래 숨는다.

세계 어느 곳에?
남아메리카의 콜롬비아의 안데스 산맥 동쪽, 에콰도르, 파라과이, 브라질, 아르헨티나 그리고 우루과이에서 발견된다. 이 종은 또한 브라질 기니피그로 잘못 불리기도 한다.

얼마나 클까?

귀
귀가 넓지만 상대적으로 짧다.
기니피그들은 청력이 좋다.

옆모습
몸이 엉덩이 위에서 곡선으로 내려온다.
기니피그들은 꼬리가 없다.

천연색
야생 기니피그들은 회색이어서 밖에서 풀을 뜯어먹고 있을 때 배경과 잘 섞인다.

후반신
후반신은 근육이 발달되었고, 땅에서 빠르게 달릴 수 있도록 돕는다.

머리 위의 위협
기니피그들은 자연적으로 가릴 수 있는 것이 거의 없는 지역에 살기 때문에, 맹금류에 취약하다.

새끼들은 어른의 축소판처럼 생겼으며 두 눈을 뜬 채로 태어난다.

마라
Mara

생태 정보
무게: 8~16kg
길이: 73~80cm
성 성숙: 암, 수컷 모두
약 6개월
임신 기간: 90~98일
새끼 수: 1~3마리, 젖떼기는
약 60일 이후에 이루어진다.
먹이: 풀과 잔디를 먹지만
날카로운 앞니로 대부분의
푸성귀를 끊어 먹는다.
수명: 5~7년,
사육되어 최대 15년.

달릴 때의 속도 때문에 파타고니아의 토끼로 알려져 있지만 기니피그와 같은 과의 설치류이다.

마라는 움직일 때 단순히 걷기도 하지만 깡충 뛸 수도 있다. 포식자로부터 도망칠 때는 빠르게 달릴 수도 있고 짧은 거리에서 시속 45km까지 속도를 낼 수 있다.
새끼들은 태어날 때부터 잘 발달되어 있고 처음에는 공용 굴에서 산다. 암컷은 무리에 있는 자신의 새끼에게 젖을 먹이기 위해 간간히 돌아온다.
어른들은 따로 한 쌍씩 살지만 목초지가 좋을 때는 큰 무리를 짓기도 한다.

세계 어느 곳에?
남아메리카 아르헨티나 중부와 남부의 팜파스 초원에서 나타난다. 짝들은 함께 이동하며 초목을 먹고 산다.

얼마나 클까?

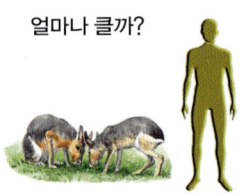

머리
예민한 청력과 큰 눈은
위험을 경계하는 데 도움을 준다.

천연색
몸의 윗부분은 회색이고
얼굴 옆과 아래쪽은 적갈색이다.

체형
대부분의 설치류와는 달리
몸이 탄탄하고 가망 포식자들보다
더 빨리 달리려고 노력한다.

다리
가늘고 길며, 날카로운 발톱이
앞발엔 4개씩, 뒷발엔 3개씩 있다.

공용 굴
최대 15쌍의 마라의 새끼들은 공용 굴에서 함께 산다.
어른들은 새끼들을 방문할 때 세력권을 주장한다.

암수 한 쌍은 계속 위험을 경계하지만
풀을 뜯을 땐 앉기도 한다.

카피바라
Capybara

생태 정보
무게: 8~16kg
길이: 73~80cm
성 성숙: 암, 수컷 모두
약 22개월
임신 기간: 130~150일
새끼 수: 일반적으로
4마리이지만 2~8마리도
가능하다. 젖떼기는
약 16주 후에 이루어진다.
먹이: 풀과 잔디를 앞니를
이용해 효과적으로 잘 끊어
먹을 수 있다.
수명: 5~7년,
사육될 때는 최장 15년

이 특별한 설치류는 반수생(水生)하며 식물을 뜯어먹을 수 있는 물 근처에서 발견된다. 수컷이 이끄는 무리에서 생활한다.

무리에서 우세한 수컷들은 코에 큰 취선이 있어 식물을 먹을 때 영역 표시를 할 수 있다. 일반적으로 무리는 10~30마리로 구성되지만 최대 100마리로 구성된 무리가 관찰되기도 했다. 이 종은 식욕이 대단해 어른은 매일 최대 3.6kg의 식물을 먹는다. 경첩 같은 턱 덕분에 음식을 좌우가 아닌 앞뒤로 움직여 갈 수 있다.

세계 어느 곳에?
남아메리카 안데스 산맥 동쪽, 파나마와 콜롬비아에서 베네수엘라까지 나타난다. 에콰도르, 페루, 기아나, 브라질, 볼리비아, 파라과이, 아르헨티나, 우루과이에도 있다.

얼마나 클까?

털
거칠고 꽤 얇아서 어른들은 햇볕에 타는 것을 방지하기 위해 진흙 속에서 구른다.

먹이 주기
젖도 떼기 훨씬 전인 생후 1주부터 스스로 먹기 시작한다.

앞발
발가락 사이의 물갈퀴는 진흙땅을 걷고 수영하는 데 도움이 된다.

새끼
새끼들은 땅에서 태어나고 곧바로 엄마를 따라다닌다.

잠수, 잠수
포식자에게서 탈출하기 위해 완전히 잠수한 채 최대 *5분*까지 버틸 수 있다.

여느 설치류처럼 이빨이 평생 계속 자라서 마모되지 않는다.

산악비스카차
Mountain Viscacha

생태 정보
무게: 약 1.45kg
길이: 73cm
성 성숙: 암, 수컷 모두 8~12개월
임신 기간: 120~140일
새끼 수: 1마리, 젖떼기는 약 56일 후에 이루어진다.
먹이: 이끼와 지의류를 포함한 풀과 잔디를 먹지만, 대부분의 식물을 다 먹는다.
수명: 6년, 사육되어 최대 10년.

이 강한 설치류는 높은 고도에서 무리지어 사는 것이 발견된다. 맹금류나 포식자를 계속 경계하며 살아간다.

비스카차의 번식기는 남부의 여름인 10월에서 12월까지 걸쳐 있다. 암컷은 배란기에 대략 300개의 난자를 내보내지만 단 하나만이 새끼 비스카차가 된다. 여느 남아메리카의 설치류처럼 임신 기간이 길지만, 새끼는 발달된 상태로 태어나 출생 직후부터 스스로 먹을 수도 있다. 색깔은 이들의 서식지인 바위가 많은 주변 환경과 뒤섞여 구별이 어렵게 해준다.

세계 어느 곳에?
남아메리카 서부의 산악지역에서 나타난다. 페루 남부, 볼리비아의 서부와 중부, 칠레의 북부와 중부, 아르헨티나의 서부에 있다.

얼마나 클까?

새끼
새끼들은 출생 때부터
완전히 발달되어 있어서
어른의 축소형 같다.

귀
높고 유연한 귀는
소리를 듣고 그 출처를
구분해내는 데 도움이 된다.

발
앞발은 손처럼
사용된다.

천연색
몸은 노란빛을 띤 회색 털로
덮여 있다. 꼬리 끝은 까맣다.

망 보기
무리의 구성원들은 교대로
보초의 역할을 하며 다른
구성원들이 먹이를 먹는 동안
위험을 경계한다.

비슷한 지역에서 발견되는
친칠라(위)는 비스카차의 가까운
동족이고 귀가 더 짧아 구별이 된다.

167

유럽물밭쥐
European Water Vole

생태 정보
무게: 160~350g
길이: 전체적으로 25~35cm, 꼬리가 몸보다 약간 더 짧다.
성 성숙: 첫 겨울 이후
임신 기간: 21일, 매년 2~5회 출산한다.
새끼 수: 최대 8마리, 젖떼기는 약 56일 이후.
먹이: 물 근처에서 자라는 풀과 식물을 먹고 나무뿌리와 구근도 먹는다.
수명: 최장 18개월이지만 그보다 일찍 죽는 경우가 많다.

유라시아에 나타나는 밭쥐 중 가장 크다.
물쥐(water rat)로도 알려져 있다.

이 작은 설치류는 일부 지역들에서 그 수가 급감하고 있다. 이는 물밭쥐를 심하게 먹는 아메리카밍크들이 모피 동물 사육장에서 탈출한 것이나 하천 제방의 관리 허술로 서식지가 줄어든 탓도 있다. 다행히 물밭쥐의 높은 번식률 덕분에 적합한 상황 하에서는 개체 수를 매우 빨리 회복할 수 있다. 하지만 때때로, 이들의 수 때문에 전염병의 규모가 강력해질 수 있다.

세계 어느 곳에?
영국제도와 유럽 북부에서 발견된다. 유럽 중부의 일부 지역들을 거쳐 러시아까지 분포되어 있다. 가끔은 정원이나 들판에서도 발견된다.

얼마나 클까?

귀
상대적으로 낮게 있고
머리에 묻혀 있다.

털
전체 색은 짙은 갈색이지만
방수가 되는 아래쪽은 더 밝다.

코
겉보기에 쥐보다는
더 둥그렇고 더 짧다.

앞발
개별적인 발가락이 있어
물건을 잡을 때 손처럼 사용된다.

사냥감
황새 같은 큰 새를 포함한 많은 포식자들이
이 설치류의 수가 늘어나는 것을 막는다.

갉아 먹기
물밭쥐는 크기는 작지만
어린 나무나 관목을 죽여서
환경에 큰 영향을 줄 수 있다.

유럽햄스터
European Hamster

생태 정보
무게: 160~350g, 수컷이 더 크다.
길이: 전체적으로 22~32cm, 꼬리가 몸보다 훨씬 짧다.
성 성숙: 암컷은 2~3개월, 수컷은 2개월
임신 기간: 18~21일, 매년 2~5회 출산한다.
새끼 수: 4~12마리, 젖떼기는 약 3주쯤에 이루어진다.
먹이: 씨앗, 나무뿌리, 구근류, 식물과 척추동물을 포함한 작은 동물
수명: 최장 8년

전 세계 15종의 햄스터 중 유럽햄스터가 가장 크다. 농경지에 자주 나타난다.

이 야행성 포유류는 단독 생활을 하며 봄과 여름에 땅 위에서만 발견된다. 일단 기온이 10도 이하로 떨어지면 동면을 시작한다. 체온이 급격히 떨어지면 지하 2m까지 자신의 굴로 들어가는데 잔뜩 마련한 먹이는 뺨의 주머니에 채워가지고 간다. 이때 종종 출구와는 별도의 입구로 들어오기도 한다.

세계 어느 곳에?
주로 유럽의 중부와 동부에서 러시아까지 제한되어 있다. 한때 서쪽에 많이 나타난 적이 있으나, 개체 수가 서식지 변화에 영향을 심하게 받았다.

얼마나 클까?

귀
컵 모양이고 머리의 상당히 뒤쪽에 자리하고 있으며 음파를 잘 듣는다.

콧구멍
햄스터에게 냄새는 중요한데, 암컷이 짝짓기 할 준비가 되면 표시해 준다.

발
털 손질, 땅 파기, 음식 잡기 등 다양한 용도로 사용될 수 있다.

모성 보호
암컷은 새끼를 목덜미를 물어 따로따로 데리고 다닌다.

지하 생활
햄스터는 다양한 터널과 방을 만들어 음식을 저장하고 잠을 잔다. 포식자로부터 비교적 안전하다.

노르웨이나그네쥐
Norwegian Lemming

생태 정보
무게: 20~130g
길이: 10~15cm
성 성숙: 약 14일부터
임신 기간: 보통 16일.
한 배의 새끼가 매년 3~6회
새끼 수: 4~12마리.
젖떼기는 12일경 일어난다.
먹이: 풀, 목초, 이끼류,
나뭇잎, 베리류와 나무껍질
수명: 보통 최대 2년

나그네쥐가 절벽을 뛰어넘어 자살을 감행한다는 이야기는 틀린 말이다. 먹이를 찾아 혹독한 환경에 처해 있는 것이다.

번식력이 좋은 나그네쥐는 어떤 지역에서 급격히 많아지기도 하지만 이들의 먹이 공급은 한정되어 있고 부족하기 때문에 굶주림으로 쫓겨나거나 다른 곳으로 먹이를 찾으러 간다. 이들의 에너지 요구는 평균적으로 두 시간마다 먹어야 하기 때문에 거대하고 통제되지 않는 이동이 일어나고 물속으로 곤두박질쳐 익사하기도 한다. 하지만 개체의 사고 이후 다시 개체수가 늘어나는 주기가 반복된다.

세계 어느 곳에?
단지 노르웨이에 뿐만 아니라 스칸디나비아 전역에 나타난다. 스웨덴과 덴마크에도 나타나며 러시아 인접 지역까지 확장된다. 종종 물 근처에서 볼 수 있다.

얼마나 클까?

입
언청이 윗입술은 갈라졌고 윗입술 뒤로 입 앞쪽에 날카로운 앞니가 있다.

천연색
색은 주위환경에 조화되어 위장할 수 있도록 돕는다.

털
털은 방수가 될 뿐만 아니라 추위에 대해 훌륭한 단열기능이 있다.

다리
나그네쥐는 다리 덕분에 먹이를 찾아 눈 아래를 파서 지하 터널을 만들 수 있다.

필수적인 식량 원천
나그네쥐는 눈올빼미 같은 포식자들의 먹이가 된다. 어떤 지역들에서는 눈올빼미의 개체 수가 나그네쥐의 개체 수와 직접적으로 연결되고 있다.

목초지들쥐
Meadow Vole

생태 정보
무게: 33~65g
길이: 전체적으로 18~27cm, 꼬리는 몸길이의 절반에 못 미친다.
성 성숙: 암컷은 25일부터, 수컷은 45일부터
임신 기간: 21일.
일 년에 한 배의 새끼 최대 17회가 기록되었다.
새끼 수: 6~7마리, 하지만 2~9마리 사이에 변동적이다. 젖떼기는 14일경 일어난다.
먹이: 풀, 허브, 씨앗, 과일, 심지어 나무껍질, 그리고 동물성
수명: 1년

목초지들쥐는 매우 적응력이 강하고 흔한 종이며 북아메리카의 같은 분류군 중에서 가장 널리 분포하는 동물로 순위를 차지한다.

목초지들쥐는 유난히 다산하는데 암컷은 연중 대부분 동안 새끼를 생산하지만 이들의 생명이 짧고 위험한 것은 코요테, 여우, 도둑고양이, 가축고양이뿐만 아니라 맹금류까지 많은 포식자들을 만나기 때문이다. 목초지들쥐는 어디선가 포식자를 감지하면 굴로 숨거나 초목 속에서 움직이지 않고 가만히 발각되지 않길 바란다. 식욕도 대단해 자신의 몸무게의 최대 60퍼센트를 매일 먹는다.

세계 어느 곳에?
알래스카에서 동쪽으로 캐나다를 지나 남쪽으로 뉴멕시코와 조지아까지, 그리고 록키산맥의 서부까지 분포가 확장된다.

얼마나 클까?

귀
귀는 작고 상대적으로 눈에 띄지 않으나 이 들쥐들은 예리한 청력을 가졌다.

천연색
윗부분은 거무스름한 갈색이며 종종 붉그스름한 색조를 띤다. 아랫부분은 더 연한 색이다.

발
각 발의 발가락들은 날카롭고 뾰족한 발톱을 가지고 있다.

터널 뚫기
목초지들쥐는 방들로 이어지는 다양한 입구가 있는 지하 굴을 만들어 거기서 새끼를 낳고 몸을 숨긴다.

이 작은 들쥐는 땅 근처에 있는 나무껍질을 쏠아서 나무를 죽일 수도 있다. 나무껍질은 겨울에 이들의 식량이 된다.

둑방쥐
Bank Vole

생태 정보
무게: 15~40g
길이: 10~20cm
성 성숙: 4~5주
임신 기간: 18~20일.
매년 한 배의 새끼 3~6회
새끼 수: 3~5마리,
젖떼기는 3주경에 일어난다.
먹이: 나뭇잎, 새싹, 꽃,
균류, 견과류, 그리고
무척추동물들
수명: 최대 18개월

둑방쥐는 둑이나 산울타리, 삼림지역, 공원 등 다양한 지역에서 볼 수 있는데 정원에 나타났다가는 고양이에게 희생되기도 한다.

세계의 다산하는 많은 설치류들처럼, 암컷 둑방쥐는 출산을 한 직후 바로 짝짓기를 할 수 있다. 새끼들은 보통 지하 둥지에서 태어나는데 새끼들이 독립적이 될 때쯤 새로운 새끼들이 태어난다. 이렇게 번식력이 좋지만 여우, 맹금류, 뱀을 포함하여 많은 종들이 둑방쥐를 먹이로 삼고, 상당한 비중은 먹이를 구하기 더 힘든 겨울 동안 죽는다.

세계 어느 곳에?
극북과 극남을 제외한 유럽에서 발생하며 동쪽으로 아시아까지 확장된다. 다양한 섬들에는 없지만 1950년대에 아일랜드 남서부에 유입되었다.

얼마나 클까?

천연색
새끼들은 윗부분이 회색빛이 도는 갈색이며 나이를 먹으면서 더 붉어진다.

눈과 귀
크기가 작은 눈과 귀 덕분에 둑방쥐는 상처를 입을 위험이 적으며 초목을 날쌔게 움직일 수 있다.

주둥이
주둥이는 뭉툭하고 둥글며 눈에 띄는 수염이 있다.

자세
둑방쥐는 필요시 뒷다리로 설 수 있고 또한 궁둥이를 대고 앉을 수 있다.

깨뜨리기
날카로운 앞니 덕분에 헤즐넛의 꼭대기를 갉아내서 안쪽에 있는 알맹이를 먹을 수 있다.

겨울 준비
둑방쥐는 종종 가을 동안 먹이를 모아 저장해 두었다가 땅에 눈이 깔리면 그동안 모아 둔 먹이를 먹으며 지낸다.

사향쥐
Muskrat

눈에 띄게 큰 사향쥐는 이름과 달리 진짜 쥐가 아니라 들쥐나 나그네쥐와 같은 과에 속한다.

생태 정보
무게: 0.7~1.8kg
길이: 전체적으로 40~60cm, 꼬리는 거의 몸만큼 길다.
성 성숙: 4개월까지
임신 기간: 25~30일. 매년 한 배의 새끼 1~5회
새끼 수: 4~7마리, 최대 11마리까지 낳을 수 있다. 젖떼기는 3~4주경에 일어난다.
먹이: 수생 초목, 바다거북 같은 생물들. 또한 농작물을 약탈한다.
수명: 3~4년, 최대 10년.

사향쥐는 꼬리 근처에 위치한 한 쌍의 향선 때문에 그렇게 불린다. 영역표시의 역할을 하는 사향을 만들어내는 이 반수생 설치류들은 천성적으로 매우 적응력이 뛰어나 비교적 오염된 수면에서도 살아남을 수 있다. 이들의 털은 매우 귀해서 유럽과 아시아 일부 지역들에서 사육되었으며 거기서 일부 탈출한 사향쥐들이 세계 곳곳에서 오늘날 사향쥐들의 조상이 되었다.

세계 어느 곳에?
북아메리카, 알래스카에서 동부 해안까지 전역에서 나타나나 남동부 지역에는 없다. 유럽 본토의 북부와 아시아로 유입되었다.

얼마나 클까?

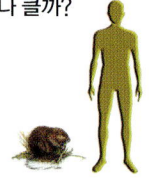

귀
귀는 작고 눈에 띄지 않으며
물속에 있을 때는 닫힌다.

털
털은 두껍고, 두 겹으로
되어 있으며 방수가 되고,
색깔은 갈색이다.
아랫부분은 약간 옅다.

앞발
날카로운 발톱이 달려 있으며
손과 같은 역할을 하여
먹이를 들고 있을 수 있게 한다.

꼬리
꼬리는 털이 아니라
비늘로 덮여 있고
효과적으로 수영하도록 돕는다.

굴
이 집들은 진흙과 초목으로 만들어진다.
겨울에는 입구가 닫혀
내부를 따뜻하게 유지하기도 한다.

단면에서 보듯이
너비보다 높이가 큰 꼬리는
수영 능력에 도움이 된다.

군디
Gundi

생태 정보
무게: 170~190g,
암컷이 약간 더 무겁다.
길이: 19~28cm
성 성숙: 8~12개월
임신 기간: 25~30일.
출산은 여름에 일어난다.
새끼 수: 2마리,
4주까지는 젖을 뗀다.
먹이: 초식성으로, 이들의
천연 서식지에 있는
대부분의 식물을 먹는다.
수명: 최대 6년,
사육되어서는 10년

이 설치류들의 신장은 물을 보존하는데 매우 효과적이어서 먹이에서 충분한 수분을 습득하여 물을 자주 마실 필요가 없다.

이 과의 동물이 1774년에 처음 기록되었을 때는 군디생쥐라고 불렸다. 그러나 이들의 기원에 대한 최근의 DNA연구로 이들이 진짜 생쥐와는 관련이 없는 것으로 확인되었고 완전히 별개의 과를 만들었다.
군디는 무려 100마리나 되는 개체로 이루어진 군집으로 산다. 이들은 새벽부터 먹이를 구하고 태양이 가장 뜨거운 정오경에 잠깐 쉬며 밤에는 바위에 몸을 숨긴다. 개체들은 죽은 척하여 포식자의 주의를 딴 데로 돌리고 수분 후에 달아나 자신을 보호한다.

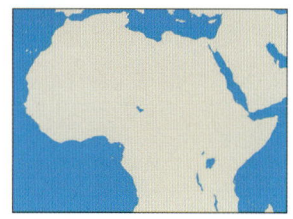

세계 어느 곳에?
군디는 북아프리카의 북부지역으로 이어지는 바위가 많은 사막에 서식하는데 알제리와 모로코에서 남쪽으로 니제르, 차드, 에티오피아를 포함하는 나라들까지 살고 있다.

얼마나 클까?

귀
귀는 머리 위에 낮게 달려 있고 모양이 납작하고 움직이지 않는다.

발
발 위에 있는 강모는 군디가 모래를 팔 때 도움이 된다.

꼬리
꼬리는 상당히 짧고 숱이 많다. 종종 수직으로 세워져 있다.

털
털은 매우 빽빽하고 두껍다. 사막의 밤은 매우 춥기 때문이다.

털 관리
군디는 매우 독특한 털 손질 자세를 가지고 있다. 털 손질을 위해 뒷다리를 사용하는 동안 다른 다리들로 균형을 잡는다.

발 위의 강모는 털을 손질하는데 빗처럼 사용된다.

181

작은이집트날쥐
Lesser Egyptian Jerboa

생태 정보
무게: 33~65g
길이: 18~27㎝, 꼬리는 몸길이의 절반이 안 된다.
성 성숙: 암컷은 25일부터, 수컷은 45일부터
임신 기간: 21일. 일 년에 17회의 출산이 기록되었다.
새끼 수: 6~7마리, 2~9마리 사이에 변동적이다.
젖떼기는 14일에 일어난다.
먹이: 풀, 허브, 씨앗, 과일, 나무껍질까지 먹으며 또한 동물성도 먹는다.
수명: 1년

지구상에서 가장 척박한 환경 중 하나에 사는 작은이집트날쥐는 사막의 타는 듯한 열기에서 살아남을 수 있도록 잘 무장되어 있다.

이 설치류는 포식자들에게 쉬운 목표물이 되지 않으면서 사막의 모래에서 돌아다니는데 잘 적응이 되어 있다. 매우 긴 뒷다리를 가져 네 발로 기기보다는 앉거나 일어서기 때문에 시야가 더 좋다. 추격을 받으면 껑충껑충 재빨리 뛰어가는데, 한 번의 도약으로 3m 거리를 뛸 수 있다. 다양한 굴을 짓는데 몇몇 굴은 단지 휴식 공간이다. 입구는 모래로 감춘다.

세계 어느 곳에?
아라비아 반도를 거쳐 이란까지, 북아프리카의 일부 지역들 도처의 사막 지역에 산다. 이들은 광범위한 분포 범위를 가지고 있으나 쉽게 눈에 띄지 않는다.

얼마나 클까?

눈
눈에 잘 띄고 커다란 눈은 가능한 위험을 감지한다.

앞다리
앞다리는 매우 짧으며 이동의 목적으로는 사용되지 않고 단지 먹이를 잡고 털을 고르는데 사용된다.

꼬리
긴 꼬리는 날쥐가 점프할 때 균형을 잡아준다. 끝부분은 까맣다.

뒷발
아프리카에서 기원한 날쥐는 각 발에 세 개의 발가락이 있다. 반면 아시아 품종들은 각 발에 다섯 개의 발가락이 있다.

번식
새끼 날쥐는 태어났을 때 눈을 감고 있으며, 무력한 상태로 어미에 의해 지하 동지에서 길러진다.

북아메리카호저
North American Porcupine

생태 정보
무게: 4.5~18kg
길이: 84~122cm,
가시의 길이는 7.5cm
성 성숙: 암컷은 25개월,
수컷은 29개월
임신 기간: 205~217일,
가시는 출생 후 단단해진다.
새끼 수: 1~2마리, 젖떼기는
4~5개월에 일어난다.
먹이: 여름에는 나뭇잎,
잔가지, 싹을 먹고 겨울에는
나무의 내층까지 닿기 위해
껍질을 갉는다.
수명: 5~6년,
사육되어서는 18년

이 특별한 호저는 삼림지대에 살며 먹이를 찾아 나뭇가지를 기어올라 다닌다. 몸의 가시가 보호복 역할을 한다.

가시는 포식자들뿐 아니라 호저 자신에게도 상처를 입힐 수 있다. 호저는 종종 새싹과 얇은 잔가지에 닿기 위해 나뭇가지 끝부분까지 기어가다가는 잡은 것을 놓치거나 큰 덩치를 이기지 못하고 나무 아래로 굴러 떨어진다. 가시 아래의 피부는 항균성 화합물을 함유하고 있어 자신의 가시로 찔린다 해도 감염을 막아준다. 이 변형된 속이 빈 털은 쉽게 떨어지며 끝이 날카로워 포식자들은 종종 얼굴이 찔린다.

세계 어느 곳에?
북아메리카 전역에 광범위하게 분포하며 알래스카와 캐나다에서 멕시코까지 확장된다. 침엽수림과 혼합수림을 포함하여 적합한 서식지가 있는 지역들에서 발견된다.

얼마나 클까?

가시
호저가 쉬고 있을 때
가시는 몸에 납작해져 있다.

이빨
주둥이는 넓고
입 앞쪽에 강력한 앞니가 있다.

다리
다리는 짧으나
강력한 발톱이 달려 있어
기어오르거나 땅에서 떨어져
안전하게 쉬는데 도움이 된다.

꼬리
나무에 사는 많은 포유동물들과 달리,
가시로 덮인 짧은 꼬리를 가지고 있다.

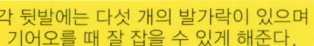

각 뒷발에는 다섯 개의 발가락이 있으며
기어오를 때 잘 잡을 수 있게 해준다.

방어 전략
이 호저들은 잠재 포식자들을 향해
가시를 세워 자신을 방어한다.

보타포켓고퍼 (보타흙파는쥐)
Botta's Pocket Gopher

생태 정보
무게: 120~250g,
수컷이 약간 더 크다.
길이: 22~26cm
성 성숙: 9~10개월
임신 기간: 약 19일
새끼 수: 3~7마리,
보통 6마리. 젖떼기는
36~40일에 일어나며
새끼들은 2개월이 되면
흩어진다.
먹이: 초식성. 식물의
뿌리를 먹고 식물을 흙에서
허물어뜨린다. 농작물에
피해를 주기도 한다.
수명: 약 2.5년

이 설치류는 주로 지하의 터널 망에서 산다. 1800년대 동안 캘리포니아에서 포유류를 연구한 'Paul-Émile Botta'의 이름을 따 명명되었다.

이 설치류들의 지하 생활방식은 국부적인 개체 수가 많다는 뜻이며 동물학자들은 185가지 이상의 다양한 아종을 명명했다. 보타포켓고퍼는 목초지에서 사막까지 광범위한 지역들에서 발견되며, 찰진흙을 포함하여 모든 종류의 토양에 굴을 팔 수 있다. 이들은 보통 땅이 눈으로 덮였을 때만 지면 위로 나오는데 표면 물질을 통해 굴을 확장하고 에스커(빙하가 녹으면서 생긴 좁고 기다란 제방 모양의 흙더미)라 묘사되는 자취를 남긴다.

세계 어느 곳에?
오리곤 주 남부와 캘리포니아 주에서부터 동쪽으로 텍사스 주까지 북아메리카 서부에 분포한다. 또한 유타 남부와 콜로라도에도 나타나며 멕시코 중부까지 확장된다.

얼마나 클까?

이빨
입 앞부분에 있는 앞니는 날카로우며 아프게 물 수 있다.

뺨 주머니
털을 두른 주머니처럼 보이는 뺨 주머니는 입의 양 옆에서부터 어깨 너머까지 이어진다.

앞발
앞발은 짧으나 강력하며 땅을 파기 위한 날카로운 발톱이 달려 있다.

천연색
가변적이나 고퍼가 사는 토양을 반영한다.

굴 밖의 위험
개체들은 천성적으로 지생(地生)이며 단독 생활을 한다. 툭 트인 곳에서 맹금류를 포함한 많은 포식자들에게 취약하다.

굴 망
복잡하게 서로 연결된 일련의 굴과 터널은 이 설치류들이 판 것이다. 무려 150m 이상 확장되기도 한다.

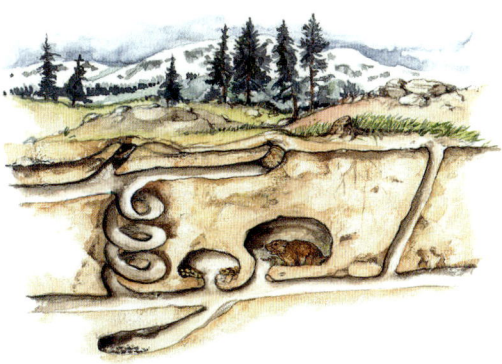

큰겨울잠쥐
Edible Dormouse

생태 정보
무게: 50~250g, 수컷이 약간 더 크다.
길이: 9~15cm
성 성숙: 10~12개월
임신 기간: 약 25일. 암컷은 매년 한 배의 새끼를 출산한다.
새끼 수: 1~11마리, 평균 4~6마리. 젖떼기는 30일에 일어난다.
먹이: 주로 채식을 하여 나무껍질, 과일, 견과류를 먹고 산다. 무척추동물들, 새의 알, 어린 새도 먹는다.
수명: 최대 4.5년

큰겨울잠쥐가 뚱뚱한 겨울잠쥐라고도 불리는 것은 가을에 체중이 늘기 때문이기도 하고 고대 로마인들의 미식가적 별미로써 살찌워지기도 했기 때문이다.

세계 어느 곳에?
유럽 대륙의 대부분의 지역, 시칠리아, 크레타 섬을 거쳐 아시아까지 분포한다. 1902년에 영국에 도입되었는데, 이때 몇몇이 로스차일드 경의 하트퍼드셔 사유지에서 탈출했다.

큰겨울잠쥐는 겨울잠쥐 종 중에 가장 크다. 이들의 몸무게는 보통 가을에서 겨울이 시작될 때 두 배가 되며 동면을 준비한다. 큰겨울잠쥐는 삼림지역에서 과수원까지 다양한 서식지에 나타난다. 이들은 둥지마다 적응력이 강해 딱따구리가 만든 나무 구멍을 이용하기도 하고 바위틈 또는 헛간 같은 건물 안으로도 간다. 뚱뚱한 몸이지만 매우 민첩하기도 하여 7m 이상을 뛰어오를 수 있다.

얼마나 클까?

천연색
윗부분은 은빛 회색이고 아랫부분은 더 연하다.
눈 주변부분은 검정색 털로 둘러싸여 있다.

귀
머리 위에 상당히 뒤쪽에
달려 있으며 형태는 둥글고 넓다.

발
발톱이 달린 개별적인
작은 발가락이 있다.
밑면은 거칠어서
잘 기어오르도록 돕는다.

먹이
이들의 먹이는 계절에 직접적으로
영향을 받는다. 과일은 여름 동안에
더 구하기 쉬워진다.

성장
새끼 겨울잠쥐는 가족 단위로
겨울을 보내기도 하지만,
보통 이 작은 포유동물들은
맹렬하게 텃새가 강해서
자신의 주변 환경에 냄새로 표시한다.

이런 식으로 둥글게 말고 자는 것은
체열을 보존하거나 최대한 작은 둥지를
사용한다는 뜻이기도 하다.

겨울잠쥐
Common Dormouse

생태 정보
무게: 120~250g, 수컷이 약간 더 크다.
길이: 22~26cm
성 성숙: 약 12개월
임신 기간: 약 19일
새끼 수: 2~7마리, 보통 6마리. 젖떼기는 36~40일에 일어난다. 새끼들은 10주가 되면 흩어진다.
먹이: 봄에는 꽃과 꽃가루, 그리고 나서 여름 동안에는 점점 과일과 견과류를 먹는다.
수명: 약 2.5년

겨울잠쥐의 이름은 프랑스어의 동사 dormir에서 나왔다. '자다'라는 뜻이 말하듯 매년 7개월 동안 동면한다.

세계 어느 곳에?
유럽을 지나 지중해까지 확장되며 동쪽으로는 우랄산맥까지 나타난다. 영국 남부와 영국 제도의 웨일즈에서 주로 발견된다.

겨울잠쥐는 늦여름에서 가을까지 체내에 지방 저장물을 축적하여 겨울을 사는데, 땅에서 가까운 곳에 겨울 둥지를 위한 장소를 선별한다. 겨울잠을 자고 있을 때 체온은 급격히 떨어지며 죽은 것처럼 보이기도 한다.
부분적으로는 이들이 자리잡은 숲의 넓은 구역들이 삼림개간으로 인해 개체수가 감소했다. 이는 겨울잠쥐가 새로운 지역으로 이동하기를 망설이기 때문이기도 하다.

얼마나 클까?

눈
눈이 비교적 큰 것은 땅거미 질 때 나타나는 종(황혼 무렵 활동적이 되기 시작하는 동물)들의 전형적인 특징이다.

천연색
등 위와 몸의 측면은 황금빛 갈색 털이고 아랫부분은 옅은 크림색이다.

발
발은 민첩해서 좁은 나뭇가지를 따라 걸을 수 있게 해 준다.

꼬리
긴 꼬리는 끝부분까지 털로 덮여 있다.

헤즐넛
동물학자들은 이 겨울잠쥐들의 존재를 나타내는 지표로써 헤즐넛을 이용한다. 다람쥐들은 알멩이를 얻기 위해 견과류를 쪼개지만 겨울잠쥐는 작은 구멍을 내서 알맹이를 산산조각내어 꺼낸다.

번식
겨울잠쥐는 새끼들을 위해 종종 마른 풀로 둥지를 만드는데 둥지 상자나 속이 빈 나무를 이용하기도 한다.

걸을 때는 몸을 낮추 채 나뭇가지의 밑면을 발가락으로 잡는다.

남아프리카호저
South African Porcupine

생태 정보
무게: 18~30kg.
암컷은 약간 더 무겁다.
길이: 74~87cm,
꼬리는 2.5cm이다.
성 성숙: 암컷은 9~16개월,
수컷은 8~18개월
임신 기간: 약 135일로,
일 년에 한 배의 새끼를 2회
낳는다.
새끼 수: 1~4마리로,
100일 후 젖을 뗀다.
먹이: 주로 과일과 식물성을
먹는다. 또한 썩은 고기를
먹고, 인을 섭취하기 위해
뼈를 먹기도 한다.
수명: 12~15년

남아프리카호저는 아프리카 대륙에서 가장 큰 호저이자 가장 큰 설치류로, 비교적 흔한 동물이다. 그러나 야행성이기 때문에 특별히 눈에 잘 띄지는 않는다.

남아프리카호저는 땅굴에서 쉬면서 낮 시간을 보내는데, 이 땅굴은 지하로 20m 가량 확장되며 큰 방과 연결되어 있다. 천성적으로 독립적이지만, 부부와 새끼가 함께 돌아다니기도 한다. 새끼는 눈을 뜬 채로 태어나며, 보호 가시털과 가시가 단단해지기까지는 최대 2주 정도 걸린다. 가시털과 가시는 짧은 꼬리 위에는 변형되어 있어 위협적인 딸랑거리는 소리를 낼 수 있다. 위협을 받았을 때 이 소리로 경고한다.

세계 어느 곳에?
아프리카의 사하라 사막 남쪽에 널리 분포되어 있지만 남서쪽에 있는 나미브 사막에는 살고 있지 않다. 최고 3500m 고도에서 발견된다.

얼마나 클까?

가시털
등에 있는 가시털이 가장 길며, 최장 50cm까지 된다.

가시
가시털에 비해 짧고 눈에 띄지 않으며, 약 30cm 길이로 자란다.

머리
머리는 비교적 짧은 털로 덮여 있고, 눈에 띄는 수염은 감각 기관이다.

방어 전략
남아프리카호저를 뒤에서 공격하는 것은 위험한 방법이다. 포식자를 향해 뒤로 움직이면서 효과적으로 찌르기 때문이다.

부러진 가시와 가시털은 다시 빠르게 자라난다.

리비안모래쥐
Libyan Jird

생태 정보
무게: 100g
길이: 총 길이가 30cm로, 꼬리는 몸과 같은 길이다.
성 성숙: 약 3개월
임신 기간: 약 26일로, 일 년에 2회 출산한다.
새끼 수: 3~5마리로, 4주에 젖을 뗀다.
먹이: 식물성. 야생 튤립 같은 구근, 씨앗이 든 꼬투리를 먹는다. 농작물에 해를 입힐 수 있다.
수명: 최장 5년

저빌과 밀접한 관계인 리비안모래쥐는 비슷한 방법으로 소통한다. 위험에 대한 경고 표시로 뒷다리로 땅을 계속 두드린다.

리비안모래쥐의 행동은 종류에 따라 다양하며, 소재지에 따라, 포식자의 행동에 따라 달라진다. 어떤 지역에서는 낮 동안 땅 위에서 활발하게 활동하지만, 다른 곳에서는 철저하게 야행성이다. 매와 같은 포식자로 인해 어두워진 후에 더 활발해지게 된다. 리비안모래쥐는 일반적으로 군집으로 발견되며, 특정 지역에서는 혹독한 날씨 동안 굴에서 잠을 자는 것으로 겨울을 보내기도 한다.

세계 어느 곳에?
리비아와 이집트의 서부 사막 전역에 나타나며, 이스라엘, 요르단, 시리아와 사우디아라비아를 거쳐 이란과 이라크, 아프가니스탄, 파키스탄, 아제르바이잔까지의 중동에서도 볼 수 있다.

얼마나 클까?

귀
리비안모래쥐는 탁 트인 땅에 살기 때문에 생존을 위해 예리한 청각이 필수적이다.

눈
눈은 크고, 열악한 조건에서도 시야를 확보한다.

환영받지 못하는 방문객
리비안모래쥐는 종종 초목 더미 아래 굴을 짓는데, 포식자가 발견할 수 없도록 입구를 숨겨둔다.

수염
수염은 터널을 뚫거나 바위 밑으로 숨을 때 요긴하게 쓰인다.

꼬리
꼬리는 후반신으로 앉아 있을 때와 점프를 할 때 평형력을 담당한다.

사막에서 생존하기
리비안모래쥐의 신장은 농축된 오줌을 만들기 때문에 물이 아주 부족한 지역에서 살아갈 수 있게 한다.

모래쥐는 발을 손으로 사용하여 먹이를 쥐고 먹는다.

멧밭쥐
Harvest Mouse

생태 정보
무게: 5~11g
길이: 총 길이가 10~14cm로, 꼬리는 몸길이와 비슷하다.
성 성숙: 6주
임신 기간: 17~19일. 일 년에 3회 출산한다.
새끼 수: 1~7마리. 약 16일쯤 젖을 뗀다.
먹이: 씨, 구근, 과일을 먹지만 여름에는 무척추동물이나 균류, 이끼까지 먹기도 한다.
수명: 12~18개월

농경법의 변화와 특히 기계화의 증가로 가장 작은 설치류 중 하나인 멧밭쥐의 개체 수가 감소하게 되었다.

멧밭쥐는 해질녘에 가장 활발하게 활동한다. 여름에 가장 눈에 잘 띄며, 땅 위에 있는 독특한 둥지에서 잠을 잔다. 겨울에는 굴을 파고 들어가서 굴에 먹이를 보관하지만, 실질적으로 동면하진 않는다.
익은 옥수수 들판에 둥지를 만드는 습성은 멧밭쥐 개체 수를 감소시키는 결과를 초래했다. 추수 과정에서 둥지가 종종 파괴되기 때문이다.

세계 어느 곳에?
유럽과 스칸디나비아 남부에 나타나며, 영국 제도에서는 남부 지방에서만 발견된다. 러시아에서부터 아시아로 확대되어 중국과 한국까지 퍼졌다.

얼마나 클까?

생쥐
House Mouse

생태 정보
무게: 10~25g
길이: 총 길이가 12.5~20㎝, 꼬리는 몸길이와 비슷하다.
성 성숙: 암컷~6주, 수컷~8주
임신 기간: 19~21일.
일 년에 5~10회 낳는다.
새끼 수: 3~14마리로, 평균적으로 6~8마리를 낳는다. 17일 후에 젖을 뗀다.
먹이: 씨, 구근, 과일과 같은 식물성을 먹으며, 고기 위주의 음식도 먹는다.
수명: 9~12개월

인간의 거주지 확대로 득을 본 몇 안 되는 종 중 하나로, 생쥐는 인간과 밀접한 관계 속에서 사는 것에 적응해 왔다.

생쥐는 특히 운동 신경이 좋아 45㎝의 거리까지 점프할 수 있다. 기어오르기와 수영까지도 잘 할 수 있다.
냄새 표시는 매우 중요하며, 특히 수컷은 아주 독특한 냄새를 가지고 있다. 천성적으로 조심스러우며, 어두운 환경을 좋아한다.
고양이가 생쥐의 주된 포식자이지만, 쥐도 빈번하게 생쥐를 죽인다. 생쥐는 오늘날 애완용과 실험용 쥐의 조상이며, 다양한 색깔의 종이 있다.

세계 어느 곳에?
전 세계에 분포되어 있다. 인디아 북부에서 기원하였으며 농업의 발달로 지중해를 거쳐 퍼지게 되었다. 우연한 기회에 오스트레일리아와 다른 지역까지 옮겨가게 되었다.

얼마나 클까?

귀
생쥐는 청각이 매우 예민하다. 인간이 들을 수 없는 초음파 소리까지 들을 수 있다.

섭식 습성
생쥐는 거의 모든 것을 다 먹는다.

꼬리
비늘로 뒤덮여 있으며 털이 없다. 꼬리는 생쥐가 기어오를 때보다는 균형을 맞출 때 도움이 된다.

개체수의 증가
엄청나게 새끼를 많이 낳는 생쥐는 조건만 괜찮다면 연중 계속 새끼를 낳는다. 그리고 종종 건물 안으로 침입한다.

생쥐는 회색이지만, 흰색 털로 얼룩무늬가 있는 개체가 발견되기도 한다.

시궁쥐
Brown Rat

생태 정보
무게: 200~400g
길이: 총 길이는 35~45cm.
성 성숙: 8~12주
임신 기간: 22~24일.
일 년에 5회 출산한다.
종종 새끼를 낳은 직후
다시 짝짓기를 한다.
새끼 수: 6~8마리로,
21~28일 후에 젖을 뗀다.
먹이: 잡식성으로, 밀 같은
농작물, 식물, 알과
무척추동물을 먹는다.
수명: 18~36개월

시궁쥐는 적응력이 좋은 천성 덕분에 인간과 함께 사는 삶을 이어 오고 있다.

시궁쥐의 확산은 1700년대 무역의 증가로 비롯되었는데, 시궁쥐들이 배에 올라 옮겨질 물건 속에 숨을 수 있었기 때문이다. 시궁쥐는 그렇게 다른 항구로 이동하여 해안으로 탈출하며, 종종 전염병과 같은 질병을 옮기기도 했다. 일단 육지에 정착하면, 다산하는 습성으로 인해 시궁쥐의 숫자는 급속하게 증가한다. 뿐만 아니라 땅 위에 둥지를 짓는 많은 종이 시궁쥐로 인해 멸종되고 있다.

세계 어느 곳에?
본래 일본과 동아시아에서 발견되었으나 전 세계 대부분의 지역으로 퍼져 나갔으며, 태평양의 외딴 섬에서도 발견된다.

얼마나 클까?

천연색
시궁쥐는 다양한 색조의 갈색이다.
어떤 시궁쥐는 거의 검정색이다.

코
코는 자주 씰룩거리는데,
냄새를 탐지하기 위함이다.

발
앞발은 후반신으로 앉아 있을 때
손과 같은 역할을 한다.

꼬리
분홍색 꼬리는 맨 아래 부분에서부터
끝 부분으로 갈수록 점점 가늘어진다.

섭식 기회
시궁쥐 수는 먹이가 충분한 곳에서
급격하게 증가한다.

상륙하기
오늘날에도 시궁쥐는 배에서부터 부두로
앵커 체인(anchor chain)을 타고 내려올 수 있다.
*앵커체인–선박의 닻에 연결하여 무거운 물건을 감아올리는 데 사용.

시궁쥐의 이빨은
콘크리트를 갉을 만큼
힘이 세다.

코이푸
Coypu

생태 정보
무게: 200~400g.
수컷은 약간 더 크다.
길이: 총 길이는 61cm이다.
성 성숙: 암컷은 3~9개월,
수컷은 4~9개월
임신 기간: 약 130일.
일 년에 2회 낳는다.
종종 새끼를 낳은 직후
다시 짝짓기를 한다.
새끼 수: 평균적으로
4~5마리를 낳지만,
1~13마리까지 다양하다.
56~63일 후에 젖을 뗀다.
먹이: 초식성으로, 다양한
종류의 습지 식물과 덩이줄기,
뿌리를 먹는다.
수명: 2~3년

비교적 큰 이 설치류는 북미에서 누트리아로 더 잘 알려져 있다. 누트리아는 세계 다른 지역에서 코이푸의 털을 부르는 명칭이다.

코이푸는 털에 대한 수요로 인해 본래 서식지에서 벗어나 모피 동물 사육장으로 옮겨졌다. 일부 코이푸는 탈출하여 번식하기 시작했는데, 그 수가 증가하면서 전체 생태계에 심각한 영향을 초래했다. 수생식물을 진흙이 붙어 있는 뿌리 조직까지 먹어버리는 심각한 식성 때문이다.
뿐만 아니라, 코이푸의 수영 동작으로 인해 어느 곳이든지 수로를 깊게 만든다.

세계 어느 곳에?
남아메리카 남부에서 발견된다. 미국의 약 22개 주에 전래되었다. 1929~89년 영국에 등장했으며, 유럽 본토에서부터 아시아까지 지금도 살고 있다.

얼마나 클까?

눈
눈은 머리에서 상대적으로 높이 위치해 있으며, 물에 부분적으로 잠수할 때 잘 볼 수 있도록 한다.

옆모습
코이푸는 뒷다리가 앞다리보다 길기 때문에 곱사등이 체형을 가졌다.

꼬리
털로 덮여 있어 비교적 두껍다. 형태는 둥글며, 끝 부분으로 갈수록 가늘어진다.

뒷발
물갈퀴가 있는 네 개의 발가락에 날카로운 발톱이 있으며, 그 옆에 그보다 작은 발가락이 한 개 있다.

새끼 코이푸는 다 자란 상태로 태어나며, 젖을 빨지만 태어난 지 몇 시간 안에 고형식을 먹을 수도 있다.

코이푸 굴
코이푸의 굴파기는 제방과 같은 시설을 약화시키기 때문에 주변 육지에 심각한 홍수를 초래할 가능성이 있는 위험한 요소가 된다.

깡충토끼(날토끼)
Springhare

생태 정보
무게: 3~4kg
길이: 총 길이는 71~94cm.
꼬리는 몸과 같은 길이다.
성 성숙: 약 2년 9개월
임신 기간: 약 80일.
일 년에 최대 3회 출산한다.
새끼 수: 1마리.
49일 후에 젖을 뗀다.
먹이: 초식성으로, 밀,
귀리, 보리와 같은 농작물과
메뚜기, 딱정벌레 같은
무척추동물을 먹는다.
수명: 8~14년

깡충토끼(Springhare)라는 이름에도 불구하고, 이 종은 토끼가 아니며 겉모습으로 보이는 것처럼 캥거루과의 동물도 아니고 설치류이다.

깡충토끼는 뜀토끼과의 유일한 동물로, 서식지가 줄어듦으로 고통받아 왔다. 비교적 툭 트인 전원에 살며, 포식자로부터 도망치기 위해 점프 능력에 의존하고 있다. 깡충토끼의 큰 눈에 나타나는 것처럼 낮에는 땅 아래 굴에서 살며, 해질녘에 나타난다. 깡충토끼는 특히 땅을 팔 때 귓바퀴 속으로 모래가 들어가지 않도록 귀에 바깥털이 다발로 나 있지만 청각은 예민하다.

세계 어느 곳에?
아프리카 남동부와 남부 초원, 케냐, 탄자니아, 콩고, 보츠와나, 모잠비크, 잠비아, 짐바브웨, 앙골라, 나미비아, 남아프리카에서 나타난다.

얼마나 클까?

천연색
색깔은 붉은 갈색에서부터 흐린 회색까지 다양하다. 아랫부분은 흰 색이다.

꼬리
긴 꼬리는 깡충토끼가 균형을 유지하도록 도와준다.

목
목은 짧고 근육질로, 머리 무게를 지탱해 준다.

어미의 유대감
깡충토끼는 다산하는 설치류는 아니며, 자신의 새끼를 정성으로 키운다

뒷발
뒷발은 앞발보다 훨씬 길고, 각 발에는 단단한 발톱이 달린 네 개의 발가락이 나 있다.

숨기
깡충토끼는 위험을 감지하면 굴로 도망쳐 흙으로 벽을 만들어 몸을 숨긴다.

깡충토끼는 캥거루같이 뒷다리로 점프한다.

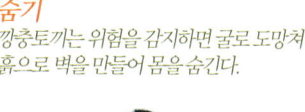

검은꼬리프레리독
Black-Tailed Prairie Dog

1800년대 초반, 약 50억 마리의 검은꼬리프레리독이 북미 대초원 전역에 살았다. 현재 2백만 마리도 안 되는 개체가 남아 있다.

검은꼬리프레리독은 거대한 그룹으로 모여 살면서 '프레리독 마을'이라 지칭되는 땅 밑 굴에 네트워크를 이룬다. 검은꼬리프레리독은 생태계를 유지하는 데에 핵심 역할을 하는 매우 중요한 동물이다. 연구에 따르면, 멸종 위기에 처한 검은발족제비를 포함해 최대 170마리의 다른 동물이 검은꼬리프레리독으로 인해 혜택을 얻는다. 불행하게도 검은꼬리프레리독의 수에 영향을 주는 것은 서식지의 변화만이 아니다. 더 최근에는 여러 군집이 벼룩으로 인해 퍼진 질병으로 사라졌다.

생태 정보
무게: 0.9~1.4kg. 수컷은 일반적으로 더 크다.
길이: 43~53cm
성 성숙: 1~2년
임신 기간: 28~35일. 일 년에 한 배의 새끼를 낳는다.
새끼 수: 3~5마리로, 최고 8마리까지 낳는다. 49일 후에 젖을 뗀다.
먹이: 주로 풀과 목초를 먹는다. 메뚜기 같은 무척추동물도 먹는다.
수명: 3~5년

세계 어느 곳에?
캐나다 중남부에서 멕시코 북동부에 살고 있다. 콜로라도 주의 록키산맥 서부, 캔자스, 몬타나, 네브라스카, 뉴멕시코, 노스다코타, 오클라호마, 사우스다코타, 텍사스와 와이오밍에서 발견된다.

얼마나 클까?

천연색
색은 가변적인 특징이며
회색조에서부터 갈색,
심지어 검은색까지 다양하다.

청각과 시각
귓바퀴가 작음에도 불구하고
매우 예민한 청각을 가졌다.
시력 또한 좋다.

앉기
검은꼬리프레리독은
수직으로 선 자세로
부근에 잠재적인 포식자를
찾아낼 수 있다.

인사
검은꼬리프레리독 가족끼리는 키스를 하듯
앞니를 접촉시켜 인사를 나눈다.

검은꼬리프레리독은
굴의 보호 지대로부터
떨어져 나오는 일이 거의 없다.

남미날다람쥐
Southern Flying Squirrel

생태 정보
무게: 51~71g
길이: 전체적으로 20~25cm
성 성숙: 약 1년
임신 기간: 40일.
일 년에 2회 출산하며,
나무 구멍 안에 새끼를 낳는다.
새끼 수: 2~7마리.
약 120일 후에 젖을 뗀다.
먹이: 과일, 견과류,
도토리를 먹는다. 또한
무척추동물도 먹으며,
새 둥지를 습격하고
썩은 고기를 먹기도 한다.
수명: 최장 5년,
사육될 때 10~12년.

남미날다람쥐(Southern Flying Squirrel)라는 이름과 달리, 날개막을 이용해 날기보다는 활공한다. 땅 위에서는 취약하지만, 안전을 위해 재빨리 움직인다.

남미날다람쥐는 밤에 활발해지는 것은 흔치 않으며, 높은 곳에서부터 최대 46m 거리까지 활공할 수 있다. 1km 밖에서부터 자기 영역으로 다시 찾아 돌아올 수 있다. 새끼 남미날다람쥐는 성장이 매우 느리다. 새끼는 태어났을 때 완전히 무력하며 약 1주일 후부터 털이 자라기 시작한다. 한 달이 거의 다 되어서야 눈을 뜬다.

세계 어느 곳에?
캐나다의 남동부부터 미국을 거쳐 플로리다 주까지 이르는 북아메리카 동부에서 발견된다. 중앙아메리카, 멕시코 일부, 과테말라와 온두라스에서도 살고 있다.

얼마나 클까?

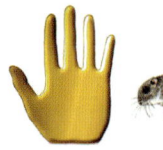 

비막
남미날다람쥐는 사지를 쫙 펴고 앞다리와 뒷다리를 연결하는 날개막을 이용해 활공한다.

뒷다리
남미날다람쥐는 뒷다리로 나뭇가지를 뛰어 올라갈 수 있다. 뒷다리는 착지할 때 지탱하는 역할도 한다.

꼬리
길고 털이 많은 꼬리는 공중에서 방향을 조종하는 역할과 브레이크 역할을 한다.

착지 전략

남미날다람쥐는 착지할 때 앞발로 먼저 착지한다. 이때 날개막은 접고 꼬리를 수직으로 세워 속도를 줄인다.

이동하기

남미날다람쥐는 날개막의 방해를 받지 않고 나무를 오르내릴 수 있다.

남미날다람쥐는 나무껍질에서 자라는 버섯을 먹는다.

알프스마못
Alpine Marmot

생태 정보
무게: 4~8kg로, 모든 다람쥐들 중에서 가장 크다.
길이: 66~89cm
성 성숙: 1년
임신 기간: 34일.
매 2년마다 새끼를 낳는다.
새끼 수: 2~7마리로, 일반적으로 3마리를 낳는다. 40일 후에 젖을 뗀다.
먹이: 풀과 목초, 씨와 구근을 먹는다. 또한 무척추동물, 조류의 알과 썩은 고기도 먹는다.
수명: 최장 5년, 사육될 때 14년.

알프스마못은 높은 고도의 초원에서 발견되며, 최악의 겨울 기후를 피할 수 있도록 땅 밑 굴에 산다.

본래 매섭게 추운 겨울 날씨 속에서 사는 알프스마못 몸은 독특한 신진대사를 한다. 여름에 몸무게를 늘리고, 겨울 동안 긴 동면을 취하는데 동면 기간은 최대 6개월에 이른다. 성인 알프스마못은 새끼와 몸을 동그랗게 말아 이 기간 동안 따뜻함을 유지한다. 굴로 들어가는 입구는 어른 알프스마못이 마른 풀과 흙으로 막아 놓아 내부를 따뜻하게 유지하도록 한다.

세계 어느 곳에?
스위스, 이탈리아와 프랑스의 알프스에 살며, 또한 독일 남부와 오스트리아 서부에도 있다. 동쪽으로는 카르파티아 산맥과 타트라 산맥으로 퍼져 있고, 피레네 산맥에도 유입되었다.

얼마나 클까?

붉은다람쥐
Red Squirrel

생태 정보
무게: 250~340g
길이: 34~43cm
성 성숙: 11개월
임신 기간: 38일.
한 배의 새끼가 매년 2회
새끼 수: 3~6마리.
새끼는 40일부터 고형식을
먹지만 10주 동안은 젖을 빤다.
먹이: 나무의 씨앗,
무척추동물들, 베리류,
싹, 새의 알
수명: 최대 7년

모든 다람쥐들 중 가장 아름다운 색을 가진 붉은다람쥐는, 외모에 있어서 상당한 차이가 있어 어떤 것들은 갈색이거나 심지어 거무스름하기도 하다.

어떤 지역들에서 붉은다람쥐는 더 크고 더 공격적인 사촌인 북아메리카의 동부회색다람쥐에 의해 이전에 살던 곳에서 밀려났다. 와이트 섬과 스코틀랜드 일부 지역들, 몇몇 지역에서만 도전 받지 않고 살고 있다.
이들은 활엽수림과 침엽수림에 살며 다람쥐 집(drey)이라 불리는 나뭇가지들로 지어진 둥지에 산다.
붉으다람쥐는 겨울 동안 동면하지 않고 가을에 머이를 준비한다.

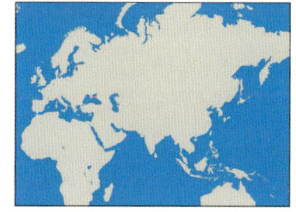

세계 어느 곳에?
유럽의 북부지역 전역과 아시아의 태평양 연안에 분포한다. 하지만 영국 제도를 포함한 어떤 지역들에서는 지역적인 감소를 겪었다.

얼마나 클까?

천연색
영국 제도에서 발견되는 개체군에서는 선명한 빨간 털이 가장 흔하다.

귀털송이
이 부분은 가을 털갈이 후 겨울 동안 훨씬 더 두드러진다.

이빨
날카로운 앞니는 솔방울에서 씨앗을 쉽게 꺼낼 수 있게 한다.

점프하기
붉은다람쥐는 강력한 뒷다리로 한 나뭇가지에서 다른 나뭇가지로 점프할 수 있다.

여름 털(위)과 더 진한색의 겨울 털(아래)

유럽들다람쥐
European Ground Squirrel

생태 정보
무게: 200~400g, 가을에 지방 비축물을 만든다.
길이: 24~30㎝
성 성숙: 11개월
임신 기간: 27일. 매년 한 배의 새끼를 낳는다.
새끼 수: 5~8마리, 평균 6마리. 젖떼기는 30~34일에 일어난다.
먹이: 견과류, 씨앗, 허브를 포함하는 식물성. 무척추동물과 작은 척추동물, 새의 알도 먹는다.
수명: 최대 7년

유럽땅다람쥐로도 알려져 있는 이 종은 툭 트이고, 비교적 건조한 전원 지대에 산다. 나무에서 사는 다람쥐라기보다 굴을 파고 사는 다람쥐이다.

유럽들다람쥐는 서로 가까운 근처에 살지만 개체들은 각자 자신만의 굴을 가지고 있다. 때로 낮 동안에 은거하는 단기 굴에 거주하며, 겨울 동안에는 동면을 위해 더 깊은 굴을 이용한다. 굴의 입구는 봉쇄되며 다람쥐가 봄에 나올 수 있도록 지면으로 연결된 옆 터널이 있다. 새끼들 또한 땅속에서 태어나며 처음에는 완전히 무력하다.

세계 어느 곳에?
독일 남동부와 오스트리아에서 체코 공화국과 슬로바키아, 북쪽으로는 폴란드 남서부까지에서 발견된다. 터키, 루마니아, 그리스를 거쳐 동쪽으로 우크라이나에서도 나타난다.

얼마나 클까?

얼굴 특징
이마는 길고 비교적 납작하다.
검은 눈은 크고 귀는 작다.

천연색
등을 따라 노란빛이 도는 회색이며
아랫부분은 훨씬 연한 색이다.

앞다리
앞다리는 먹이를 쥘 발 역할을 하며
굴을 파는데 이용된다.

꼬리
꼬리는 몸길이의 약 1/30이며
털로 덮여 있다.

동면
수컷은 8월에 암컷보다 먼저 동면을 시작하여
3월이 되어서야 땅 위에서 볼 수 있다.

비축하기
이 들다람쥐는 건초와 먹이를
지하로 가져가지만 겨울 동안
먹을 것을 저장하지는 않는다.

시베리아줄무늬다람쥐
Siberian Chipmunk

생태 정보
무게: 0.5~1.5kg,
연중 시기에 따라 다르다.
길이: 전체적으로 18~25cm,
꼬리는 몸길이의 약 1/3 정도.
성 성숙: 10개월
임신 기간: 28~35일,
일 년에 한 배의 새끼를 낳는다.
새끼 수: 3~5마리,
최대 8마리도 가능.
49일까지는 젖을 뗀다.
먹이: 주로 초목. 씨앗,
견과류, 균류, 과일과 몇몇
무척추동물들을 먹는다.
수명: 최대 8년

이 다람쥐의 학명 Tamias는 그리스어로 '저장하는 자'라는 뜻이다. 혹독한 겨울을 채비하는 습성을 설명하는 이름이다.

다람쥐 과의 이 활기 넘치는 구성원은 낮 동안에 활동적이며 매우 민첩하여 나뭇가지 사이를 뛰어다닌다.
이들은 터널망을 짓는데 이것이 방으로 넓어지며 겨울 동안 먹을 식량(뺨주머니에 담아 실어온다)을 그곳에 저장한다. 또한 마른 풀로 둘러싸인 잠자는 방도 있다.
이 다람쥐는 동면을 하지 않지만 날씨가 좋지 않을 때는 긴 시간 동안 땅 속에서 지내며 휴면한다.

세계 어느 곳에?
아시아 북부, 러시아 중부 지역들에서 중국, 한국, 일본 북부의 섬, 홋카이도까지 나타난다. 탈출한 애완동물의 작은 개체군이 유럽에 존재한다.

얼마나 클까?

앞발
앞발은 먹이를 붙잡거나 땅을 파는데 사용되며 기어오를 때는 지지의 역할도 한다.

줄무늬
흰 줄무늬가 상당히 뚜렷이 구별되어 이 다람쥐들이 왜 '줄무늬 다람쥐'라고도 불리는지를 알 수 있다.

아랫면
몸의 아랫부분은 윗부분보다 더 연하다.

꼬리
꼬리는 길고 숱이 많으며 줄무늬가 없다. 꼬리는 흔히 S형 곡선을 이루고 있다.

지하 생활
다람쥐 굴의 입구는 흔히 나무뿌리 아래 세심하게 숨겨져 있으며 길이가 9m를 넘기도 한다.

짝짓기는 땅 위에서 이루어진다.

217

동부줄무늬다람쥐
Eastern Chipmunk

생태 정보
무게: 80~150g, 부분적으로 연중 시기에 따라 다르다.
길이: 21.5~28.5cm, 꼬리는 몸길이의 약 1/3 정도.
성 성숙: 1년
임신 기간: 31일, 일 년에 한 배의 새끼를 2회 낳는다.
새끼 수: 보통 4~5마리, 최대 9마리도 가능.
42일에 젖을 뗀다.
먹이: 씨앗, 견과류, 균류, 옥수수, 과일, 알과 몇몇 무척추동물들을 먹는다.
수명: 최대 3년

다람쥐 과의 이 구성원들 이름 Chipmunk는 찍찍(chip-chip) 하는 울음소리 때문에 지어졌다. 흔히 무리가 동시에 울기 시작한다.

지하 땅굴을 파는 것은 이 줄무늬다람쥐들에게 힘든 과제다. 포식자들이 알아차리지 못하도록 흙을 모두 뺨주머니에 담아 날라 입구에서 멀리 떨어진 곳에 버리기 때문이다. 어떤 줄무늬다람쥐들은 특히 터널 파는 전용 다람쥐로 길이가 9m가 넘는 굴 망을 만든다. 보통 한 개 이상의 입구가 있다. 줄무늬다람쥐는 동면을 하지 않지만 겨울 동안 굴 안에 저장된 먹이를 먹고 산다.

세계 어느 곳에?
북아메리카 동부의 대부분의 지역에 걸쳐 나타난다. 캐나다 남동부, 미네소타, 위스콘신에서 일리노이, 미시건, 아이오와까지, 아래로는 멕시코 연안 지역에서 발생한다. 플로리다에는 살지 않는다.

얼마나 클까?

뺨
입에 있는 내부 뺨 주머니 때문에 뺨은 흔히 부푼 것처럼 보이는데, 이것은 먹이를 나르는데 사용된다.

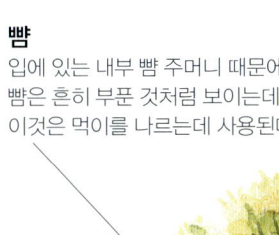

발가락
각 앞발에 네 개의 발가락이 있고 각 뒷발에는 다섯 개가 있다.

무늬
다섯 개의 검정 줄무늬가 몸으로 이어져 내려오며 사이에 끼어든 갈색, 회색, 흰색 줄무늬로 분리된다.

꼬리
꼬리는 털로 잘 덮여 있으나 숱이 많지는 않다.

다양한 먹이
줄무늬다람쥐는 섭식 습성에 있어 기회주의적이다. 이들은 종종 새 둥지를 습격하여 알을 훔친다.

굴
줄무늬다람쥐는 자신의 굴을 방어한다. 굴은 보통 잘 숨겨져 있는데 흔히 나무 뿌리에 있다.

꿀먹이꼬마주머니쥐
Honey Possum

생태 정보
무게: 7~16g.
암컷이 더 무겁다.
길이: 암컷은 14.5~19.5cm,
수컷은 13.5~18.5cm.
꼬리는 몸보다 길다.
성 성숙: 6개월쯤
임신 기간: 28일
새끼 수: 2~3마리,
가끔 4마리. 새끼는 약 60일
동안 주머니에서 지낸다.
먹이: 꿀을 주로 먹는다.
꽃에서 나온 꿀과
꽃가루만을 먹는다.
수명: 1~2년

아주 작은 쥐를 연상시키는 꿀먹이꼬마주머니쥐는 약 2천만 년 전 진화한 고대 유대목 동물 중 유일하게 생존한 생물체이다.

꿀먹이꼬마주머니쥐는 많은 유대목 동물과 달리, 수명이 짧고, 암컷은 여러 마리의 수컷과 짝짓기를 한다. 이것은 이 종의 수컷이 몸 크기와 비교해 모든 포유류 중에서 가장 큰 고환을 가지고 있는 이유일 것이다. 또한 크기가 0.36㎜나 되는, 포유류 중에서 가장 큰 정자를 만들어 내는데 새끼는 가장 작다(태어났을 때 무게가 0.0005g밖에 안 된다.). 어미의 주머니에서 나올 만큼 자라도 새끼는 여전히 2.5g 밖에 되지 않는다.

세계 어느 곳에?
오스트레일리아의 남서부에서 나타난다.
뱅크셔와 드라이언드라 같이 꽃 피는 관목이 있는 황야 지대와 관목지, 밝은 산림 지대에 살고 있다.

얼마나 클까?

줄무늬
줄무늬는 검정빛을 띠며 두 귀 사이에서부터 꼬리 밑부분까지 이어져 있다.

얼굴 특징
코는 길고, 귀는 둥글고 분홍색이며, 눈은 까맣다. 눈에 띄는 수염이 있다.

꼬리
꼬리는 길고 어느 정도 물건을 잡을 수 있어서 줄기를 쥘 수 있다.

천연색
윗부분은 회색빛 도는 갈색이고, 옆면은 주황색이며, 아랫부분은 크림색이다.

번식하기
새끼 꿀먹이꼬마주머니쥐의 가족. 이 작은 유대목은 비교적 많은 새끼를 낳지만 수명은 짧은 편이다.

깊숙이 뒤지기
꿀먹이꼬마주머니쥐는 가늘고 기다란 혀로 꽃 속 깊숙이 탐색하여 꿀을 얻는다.

애기웜뱃
Common Wombat

애기웜뱃의 갓 태어난 새끼는 무력하고 아주 작으나-대략 젤리빈 크기 정도-어미의 주머니까지 어떻게 해서든지 기어 올라간다.

애기웜뱃은 대부분의 시간을 땅 밑에 숨어 지내면서, 자기 뒤로 30m가 넘는 터널을 만든다. 터널 너비는 딱 애기웜뱃이 막힘없이 지나다닐 수 있는 정도지만, 민첩하기 때문에 가장 좁은 지점에서도 몸을 돌려 나올 수 있다. 짧은 터널은 도피용으로만 쓰이고, 다른 터널에서 생활한다. 애기웜뱃의 잠자리는 보통 범람의 위험을 피하기 위해 좀 더 높은 지대에 있으며, 초목이 깔려 있다.

생태 정보
무게: 15~54kg. 수컷이 약간 더 크다.
길이: 67~130cm.
꼬리는 2.5cm이다.
성 성숙: 일반적으로 2~3년
임신 기간: 20~22일
새끼 수: 1마리.
새끼는 248~310일을 주머니에서 보낸다.
먹이: 초식성으로, 풀과 잎, 나무껍질과 버섯을 먹는다.
수명: 야생에서는 5~15년, 사육됐을 때 최대 26년.

세계 어느 곳에?
오스트레일리아 동부 해안에 살고 있는데, 퀸즐랜드 남동부에서부터 뉴사우스웨일스 주를 거쳐 빅토리아 주에 이르는 지역에서 볼 수 있다. 또한, 빅토리아 주와 남 오스트레일리아 경계 지역과 플린더스 섬, 태즈메이니아 섬에서도 나타난다.

얼마나 클까?

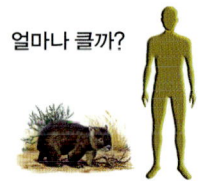

머리
머리는 둥글고 넓다.
수염으로 둘러싸인
검정색의 큰 코가 있다.

귀
삼각형 모양의 귀는 작고
상대적으로 눈에 띠지 않는다.

털
털의 감촉은 상당히
거친 편이지만,
단열 작용을 하는
부드러운 털이
안쪽에 나 있다.

천연색
색깔은 검정색과 회색조에서부터
갈색을 거쳐 모래 빛까지 다양하다.

유용한 도구
날카로운 발톱은
땅을 팔 때 도움을 준다.

지하 땅굴
애기웜벳은 지하 땅을 만든다.
이들은 독립생활을 하며,
땅굴은 많은 목적으로 만들어진다.

암컷은 기껏해야
2년마다 새끼를 낳는다.

눈덧신토끼
Snowshoe Hare

생태 정보
무게: 0.9~1.8kg
길이: 41~51㎝
성 성숙: 1년
임신 기간: 36~40일.
3월 중순에서 8월까지
새끼를 낳는다.
새끼 수: 1~7마리,
일반적으로 3마리.
28일까지는 젖을 뗀다.
암컷은 1년에 최대
4마리를 낳는다.
먹이: 초식성, 풀과 허브,
나무껍질을 먹는다.
수명: 최장 5년이지만
많은 수가 1년 안에 죽는다.

눈덧신토끼의 겉모습은 주변 풍경과 구분하기 어려울 뿐만 아니라 시속 최대 43㎞의 속도로 전력 질주해서 포식자로부터 도망친다.

눈덧신토끼 수는 독특한 변동 주기를 가지고 있다. 포식자(예를 들면 눈올빼미) 수가 증가함과 같이 10년 동안 증가했다가 갑자기 줄어든다. 그리고 다시 증가하기 시작해서 제곱킬로미터 당 600마리까지 늘어난다. 비슷한 다른 종들과는 다르게, 눈덧신토끼 새끼는 눈을 뜨고, 완전히 성장한 상태로 태어나기 때문에 거의 바로 뛸 수 있다. 암컷은 새끼를 낳은 바로 다음날 다시 짝짓기를 한다.

세계 어느 곳에?
북아메리카 북부 지역 전체(남쪽으로 캘리포니아와 뉴멕시코 주까지)에 걸쳐 나타나고, 그레이트 호 주변과 동쪽으로는 노스캐롤라이나 주에 이른다.

얼마나 클까?

털색깔
겨울 털은 흰색이지만
귀 끝은 까맣다.

눈
시야가 넓기 때문에
눈덧신토끼가 알아채지 못하게
접근하기는 어렵다.

뒷발
뒷발은 크고 털로 잘 덮여
있으며, 눈 위를 쉽게
달릴 수 있도록 한다.

털갈이
1년에 두 번 털갈이를 하며,
낮 길이의 변화에 따라 일어난다.

겨울 털(왼쪽)과
여름 털(오른쪽)

위험이 도사리는 생활
눈덧신토끼는 많은 포식자에 직면하지만
달리기와 점프를 잘 한다.
한번에 3m까지 뛸 수 있다.

캘리포니아멧토끼
Black-Tailed Jackrabbit

생태 정보
무게: 2.2~5.5kg.
암컷은 더 무겁다.
길이: 46~76cm
성 성숙: 7개월 즈음에
성숙하지만, 그 다음 해가
되어서야 새끼를 낳는다.
임신 기간: 41~47일
새끼 수: 1~6마리,
일반적으로 3마리.
28일 후 젖을 뗀다. 암컷은
1년에 최대 6마리를 낳는다.
먹이: 초식성. 풀과 허브,
잔가지를 먹는다.
수명: 최장 5년이지만
많은 수가 1년 안에 죽는다.

사막에 사는 종은 진짜 산토끼이다. 이 캘리포니아멧토끼는 빠른 속도로 몸을 돌릴 수 있고, 심지어 헤엄을 쳐서 위험에서 벗어날 수도 있다.

비교적 탁 트인 시골에 사는 캘리포니아멧토끼는 수많은 포식자의 확실한 목표물이 된다. 그렇기 때문에 낮 동안은 휴식을 취하고, 해질 무렵에 활동적이 된다.
천성적으로 독립생활을 하지만, 먹이를 먹을 때는 모여서 먹는 경향이 있다.
캘리포니아멧토끼는 시속 최고 72km의 속도로 달릴 수 있으며, 한번에 6m 정도 점프할 수 있다.

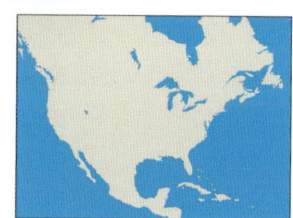

세계 어느 곳에?
미국 서부와 중부 지역, 동쪽으로는 텍사스와 남쪽으로는 멕시코 북부, 바하 캘리포니아 주에 살고 있다. 켄터키, 뉴저지, 난터켓 섬에도 유입되었다.

얼마나 클까?

눈
토끼목 동물들에게 시력은 잠재된 위험을 인식할 수 있어 중요하다.

귀
사막에서는 소리가 멀리까지 퍼지는데, 큰 귀가 소음을 감지하게 도와준다. 또한, 체온을 낮추는 역할도 한다.

천연색
몸 윗부분은 갈색 빛 도는 검정색이고, 아랫부분은 하얗다.

인식
캘리포니아멧토끼의 독특한 특징은 검정색 줄무늬가 꼬리까지 이어져 있다는 것이다. 이들은 천성적으로 경계심이 강하다.

뒷다리
튼튼하고 힘이 센 뒷다리 덕에 빠르게 달릴 수 있다.

캘리포니아멧토끼의 귀는 길이가 11cm 가까이 된다.

구멍
캘리포니아멧토끼는 굴을 파지 않는 대신 폼(form)이라고 하는 구멍을 파 그 구멍에서 쉰다.

숲멧토끼
Hare

생태 정보
무게: 3~5kg
길이: 61~75cm
성 성숙: 8개월
임신 기간: 30~40일. 늦겨울이나 한여름에 새끼를 낳는다.
새끼 수: 1~8마리, 보통 4마리. 30일 후 젖을 뗀다. 암컷은 1년에 2~4마리를 낳는다.
먹이: 초식성으로, 풀과 허브, 잔가지를 먹는다. 농작물을 해치는 동물이기도 하다.
수명: 최장 10년

숲멧토끼는 많은 위험에 직면해 있어 감각이 예민하다. 시속 최고 60km의 속도로 달릴 수 있으며, 달리면서 방향을 수시로 바꾼다.

숲멧토끼는 굴에서 살지 않고 땅 속의 구멍에서 쉰다. 암컷 숲멧토끼는 포식자에게 새끼를 한꺼번에 잃지 않기 위해 한 지역 안에서 새끼들을 다른 곳에 나눠 둔다. 새끼들은 래버릿(leveret)이라 불리며 털로 덮여 거의 다 자란 상태로 태어난다. 식욕이 좋아서 숲멧토끼 3마리가 양 한 마리만큼 먹는다고 한다. 번식력이 매우 좋은데 농부들에게는 환영받지 못한다.

세계 어느 곳에?
영국제도를 포함하여 유럽 전역과 아라비아 반도, 아시아까지 나타난다. 미국, 캐나다, 아르헨티나와 오스트레일리아를 포함한 다른 지역에도 유입되었다.

얼마나 클까?

귀
귀는 약 10cm 길이로,
끝 부분이 검정색이다.

언청이
언청이 입은
윗입술 맨 아래에서 시작해
위로 이어지며,
코의 아랫부분에서
갈라지게 된다.

천연색
노란빛을 띤 갈색에서부터
회색빛을 띤 갈색까지 다양하다.
겨울에는 털 색깔이 더 회색으로 변한다.

정신 이상 (the 'mad March' hare)
이 말은 수컷 숲멧토끼가 짝짓기 시기에
거칠게 뛰어다니고 심지어 싸움을 하기도 하는
모습에서 나왔다.

숲멧토끼는 항상 경계하면서
위험한 순간이면
빠른 속도로 도망친다.

구멍토끼
European Rabbit

생태 정보
무게: 1.5~2.5kg
길이: 38~50cm
성 성숙: 8개월
임신 기간: 30~35일.
연중 대부분에 걸쳐 새끼를
낳는데, 특히 봄에 낳는다.
새끼 수: 1~14마리,
일반적으로 6마리.
28일 후 젖을 뗀다. 암컷은
1년에 2~3마리를 낳는다.
먹이: 초식성으로, 풀과 허브,
잔가지를 먹는다.
수명: 최장 9년

구멍토끼는 장에 있는 미생물에 의지하여 먹이를 소화시키며, 자신의 똥을 먹어 영양분을 흡수한다.

천성적으로 적응력이 좋은 구멍토끼가 어떤 지역에서는 심각한 유해 동물로 여겨진다. 보통 모래로 뒤덮인 지역에 땅 속으로 쉽게 터널을 뚫어 토끼굴을 만들어 많은 수가 모여 산다. 그러나 토끼 벼룩으로 퍼지는 치명적인 질병인 점액종 증에 노출되면, 생존한 구멍토끼들은 굴 밖으로 나와 땅 위에서 더 많은 시간을 보낸다. 천성적으로 사회적인 구멍토끼들은 발을 굴러서 소리를 내어 의사소통을 하고, 고통을 느끼면 날카로운 소리를 낸다.

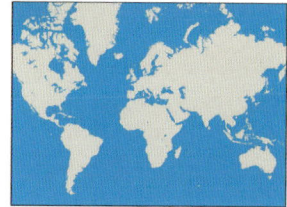

세계 어느 곳에?
이베리아 반도와 프랑스 남부에서부터 유럽 전역에 퍼져 있다. 1066년 이후 영국 제도에 도입되었고, 오스트레일리아를 포함한 전 세계 많은 나라에도 도입되었다.

얼마나 클까?

귀
경계할 때 귀가 쫑긋해진다.
그러나 다른 토끼들에 비해
상대적으로 짧다.

천연색
보통 갈색빛이 나는 회색이지만,
불그스름한 색을 띠기도 한다.
꼬리 밑면은 흰색이다.

다리
구멍토끼는 짧은 다리 덕에
굴로 쉽게 도망칠 수 있다.

구멍토끼는 종종 솜꼬리토끼라고도 불리는데,
흰색 꼬리가 목화송이를 닮았기 때문이다.

지하 생활
구멍토끼는 지하 터널에 정교한 망을 구축하는데,
오랫동안 대대로 이어져 사용된다.

고원우는토끼
Plateau Pika

생태 정보
무게: 0.1~0.2kg
길이: 12~25cm
성 성숙: 약 8개월
임신 기간: 21~24일.
암컷은 여름에 3주마다
새끼를 낳는다.
새끼 수: 1~8마리,
일반적으로 6마리.
21일 후 젖을 뗀다.
먹이: 초식성. 풀과 허브,
꽃, 씨앗을 먹는다. 건초를
만들기도 한다.
수명: 최대 2.5년, 대부분
3.5개월 밖에 살지 못한다.

고원우는토끼는 토끼와 동족으로, 북부 지역 전역 고도가 높은 지역에서 발견된다. 고원우는토끼의 이름은 찍찍하는 소리를 묘사하는 아시아 단어에서 유래한다.

세계 어느 곳에?
고원우는토끼는 비교적 고도가 높은 지역에서 발견되며, 티베트 고원의 목초지와 스텝 지대, 중국의 창탕 지역에 살고 있다.

천성적으로 매우 사회적인 고원우는토끼는 부부 한 쌍과 여러 배에서 나온 새끼들 최대 10마리가 모여 산다. 이들은 서로 연결된 굴이 있는 망에서 사는데, 최고 8m까지 이어져 있으며 여러 개의 출입구가 있다. 이 출입구를 종종 스노우핀치(snowfinch)와 같은 다른 동물과 공유하기도 한다. 이들은 특별히 땅 위에서 소리를 내는데, 같은 무리의 고원우는토끼들끼리는 서로 의사소통을 하며 위험 가능한 상황에 대해 경고를 한다.

얼마나 클까?

코
이 부분의 어두운 색깔은
입술 주변으로 이어지는
고원우는토끼의 특징이다.

발
발은 꽤 넓은 편이고,
끝에 작고 짙은 색깔의
발톱이 달려 있다.

천연색
윗부분은 갈색에서 황갈색이고,
아랫부분은 회색빛을 띠는
흰빛깔이다.

겉모습
고원우는토끼는 짧은 다리에
다부진 몸을 가지고 있으며
꼬리는 없다. 겉모습으로는
암수를 구별할 수 없다.

건초 만들기
고원우는토끼는 식물을 모아서 건조시킨다.
이렇게 만들어진 건초는 고원우는토끼가
혹독하게 추운 겨울을 견디도록 해 준다.

굴에서 살고 굴 가까이 머물며
포식자로부터 자신을 보호한다.

쇠주머니쥐
Common Mouse Opossum

생태 정보
무게: 약 38g,
수컷이 약간 더 크다.
길이: 전체적으로 25~36cm,
꼬리는 보통 몸보다 더 길다.
성 성숙: 3개월
임신 기간: 13일
새끼 수: 5~10마리,
젖떼기는 약 62일에 일어난다.
먹이: 잡식성. 무척추동물들과
도마뱀 같은 다른 작은
먹잇감을 먹고 살며,
새 둥지를 습격하고
과일도 먹는다.
수명: 최장 3년

암컷 쇠주머니쥐는 유대목 동물임에도 불구하고 주머니가 없다. 대신 새끼는 처음에 어미의 젖꼭지에 매달린다.

나무를 잘 타는 쇠주머니쥐는 낮 동안에는 종종 속이 빈 나무나 버려진 새 둥지에 숨어 있고 어둠을 틈타 나온다. 앞발에 있는 마주보는 엄지의 도움으로 나무를 오를 때 가지를 쉽게 잡을 수 있다.
천성적으로 단독 생활을 하는 이들은 둥지를 지을 때 유연한 꼬리를 이용해 나뭇잎과 초목을 나른다.
새끼들은 태어났을 때 아주 작아 무게가 겨우 0.09g이다.

세계 어느 곳에?
남아메리카의 북부 지역들, 콜롬비아와 베네수엘라에서부터 동쪽으로 가이아나, 수리남, 그리고 프랑스령 기아나에서 발생한다. 브라질, 페루, 에콰도르와 볼리비아에서도 나타난다.

얼마나 클까?

천연색
몸의 아랫면은 희끄무레하고 윗부분은 회색빛을 띠는 베이지색이다.

꼬리
잡을 수 있는 꼬리는 로프 같은 역할을 하며 균형을 유지하도록 돕는다.

새끼
새끼들은 어미의 등을 붙잡는다.

눈
큰 눈은 땅거미 질 때 활동하는 이 종의 본성을 나타낸다. 쇠주머니쥐는 해질녘에 활동적이 된다.

야간 사냥
쇠주머니쥐는 어둠을 틈타 사냥하기 때문에 나방과 같이 밤에 날아다니는 다양한 곤충들을 먹이로 삼는다.

매달리기
꼬리는 필요 시 쇠주머니쥐의 무게를 지탱할 수 있다.

공격할 때는 더욱 위협적으로 보이기 위해 이빨을 드러낸다.

아프리카코끼리
African Elephant

생태 정보
무게: 2270~6350kg,
수컷이 더 크다.
길이: 2.8~3.4m,
어깨 높이 최대 4m
성 성숙: 암컷은 10~11년,
수컷은 10~20년
임신 기간: 약 22개월
(포유류 중에서 가장 길다.)
새끼 수: 1마리, 젖떼기는
6.5년 후 일어난다. 암컷은
4년마다 새끼를 낳는다.
먹이: 식물성을 먹고 산다.
수명: 최대 70년

육지의 동물들 중에서 가장 큰 아프리카 코끼리는 아시아코끼리보다 훨씬 큰 귀로 동족이 구별된다.

코끼리는 암컷 우두머리를 따라 무리를 지어 넓은 지역을 다닌다. 암컷 우두머리는 행동권을 잘 알아, 가뭄 시기에 물구멍을 찾을 수 있다. 엄청난 식성의 어른 코끼리는 매일 136kg의 먹이를 먹는다. 무리의 구성원들은 초음파로 연락을 취한다고 생각되어지는데 초음파는 너무 고음이라 인간의 귀에는 들리지 않는다.
무리는 다양한 연령의 암컷들과 새끼들로 이루어진다. bull(황소, 큰 짐승의 수컷)이라 불리는 다 자란 수컷 코끼리들은 혼자 산다.

세계 어느 곳에?
코끼리의 상아를 위한 밀렵은 아프리카 전역에서 이 코끼리들의 수에 심각하게 영향을 미쳐왔다. 이제 그들의 분포는 산발적이고 사하라 사막 남부 지역들에서 나타난다.

얼마나 클까?

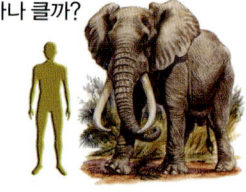

귀
귀는 코끼리의 체온을 낮추는데 도움이 된다.

피부
피부는 거칠고 두꺼운 가죽 같은 질감이다.

코끼리 코
십만 개의 근육으로 조절되는 코끼리 코는 작은 물체들도 집을 수 있을 정도로 민첩하다.

엄니(상아)
이 변경된 앞니는 상아로 만들어졌고, 2.4m 길이까지 자랄 수 있으며 무게는 최대 45kg이다.

모성
무리 구성원들은 새끼들을 매우 잘 보호한다. 암컷들은 새끼 코끼리들을 공격하는 사자 같은 포식자에게 맞선다.

아프리카 코끼리(왼쪽)와 아시아 코끼리(오른쪽)의 발 구조에는 차이가 있다.

 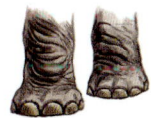 

아홉띠아르마딜로
Nine-Banded Armadillo

생태 정보
무게: 4~8kg
수컷이 더 무겁다.
길이: 36~105
성 성숙: 6~12개월
임신 기간: 120일. 짝짓기는 여름에 이루어지지만 3개월 후에 배아가 만들어지기 시작한다.
새끼의 수: 한 개의 알에서 같은 성을 가진 4마리, 4~5개월 후쯤 되면 젖을 떼기 시작한다.
먹이: 잡식성이며, 무척추동물, 작은 동물, 사체, 초목과 과일을 먹는다.
수명: 최대 15년

다른 대부분의 포유동물들과는 달리, 아르마딜로는 단열의 역할을 하는 체모가 거의 없기 때문에 체열을 보존하기 위해서 열심히 굴을 판다.

아르마딜로는 혼자 살지만, 강력한 발톱으로 많은 굴을 만든다. 이 굴들은 먹이를 잡는 덫이 되거나 무척추동물들을 굴 안으로 유인하기도 한다.
번식을 위해 지어진 굴들은 끝 부분에 확대된 방이 있으며 초목으로 둘러싸여 있어 새끼들을 따뜻하게 유지시켜 준다.
헤엄칠 땐, 공기를 삼키고 이를 이용해 부력을 만들어 계속 떠 있을 수 있다.

세계 어느 곳에?
미국의 중남부 및 남동부 지역에서 중앙아메리카를 거쳐 남아메리카의 페루와 우르과이까지 서식한다. 카리브 해에도 나타난다.

얼마나 클까?

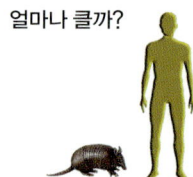

얼굴 형태
얼굴은 길고, 예민한 콧구멍과 끈끈한 혓바닥으로 곤충을 잡을 수 있다.

몸
윗부분 아홉 개의 줄무늬는 몸의 중앙부분 주변으로 이어지며, 엉덩이와 어깨를 가로질러 방패가 있다.

앞발
각 발의 4개의 발가락 중에서 가운데 두 개가 길다.

뒷발
각 발의 5개의 발가락 중 바깥 발가락들은 짧다.

갑옷 같은 몸체
이 아르마딜로의 방탄복은 이마까지 확장된다. 줄무늬의 숫자는 종에 따라서 3개부터 9개까지 다양하다.

날카로운 발톱은 자신을 방어하는데 이용하기보다는 땅을 파기 위해 사용한다.

브라질세띠아르마딜로
Brazilian Three-Banded Armadillo

세띠아르마딜로는 공처럼 몸을 말아 자신을 보호한다.

생태 정보
무게: 1~1.6kg
수컷이 더 무겁다
길이: 28~35cm
성 성숙: 9~12개월
임신 기간: 120일.
11월부터 1월에 새끼를 낳는다.
새끼의 수 : 1마리
젖떼기는 72일경 시작된다.
먹이: 주로 식충성이며,
건기에는 개미나 흰개미를
먹고 살고, 다른 때에는
풍뎅이 애벌레를 먹는다.
사체, 식물, 열매도 먹는다.
수명: 12~15년

'아르마딜로'라는 단어는 스페인어로 '갑옷을 입은 작은 동물'이라는 뜻이다. 세띠아르마딜로는 취약한 밑부분을 공처럼 굴러 감출 수 있다. 시력은 매우 약한 대신 예민한 후각을 가지고 있다. 또 길고 끈끈한 혀를 가지고 있어서, 흰개미 군집을 탐지하여 한번에 많은 흰개미들을 먹을 수 있다.

세계 어느 곳에?
남아메리카에 분포하는데, 브라질의 북부 고지대에 산다. 페르남부코 지역과 바이아 서부, 피아우이, 마라냥과 미나스제라이스 북부 지역에서 발견된다.

얼마나 클까?

피부
어른 아르마딜로에서는 뼈조직의 침전물이 피부의 밑부분을 형성하고 있다.

띠
모든 브라질세띠아르마딜로들이 세 개의 띠를 가지고 있는 것은 아니며, 2개에서 4개까지 다양하다.

발톱
세띠아르마딜로는 발 앞부분이 아니라 발톱 끝으로 걷는다.

뒷발
뒷발의 발가락들은 아르마딜로가 걸을 때 지상에 평평한 상태로 있다.

위기 탈출
어린 아르마딜로는 다 성장해서 태어나며, 방어를 위해 본능적으로 몸을 감는다. 하지만 피부는 어른만큼 튼튼하지는 않다.

나무껍질을 벗겨내어 곤충을 사냥하는데 아르마딜로이 날카로운 발톱을 이용한다.

찾아보기

가나다 순

갈색고함원숭이 Brown Howler Monkey 54
갈색양털원숭이 Brown Woolly Monkey 56
겔라다개코원숭이 Gelada Baboon 90
갯첨서 Eurasian Water Shrew 38
거대코끼리땃쥐 Giant Elephant Shrew 154
검은거미원숭이 Red-Faced Black Spider Monkey 52
검은꼬리프레리독 Black-Tailed Prairie Dog 206
겨울잠쥐 Common Dormouse 190
고릴라 Gorilla 96
고슴도치 Hedgehog 12
고원우는토끼 Plateau Pika 232
구멍토끼 European Rabbit 230
군디 Gundi 180
그랜트얼룩말 Burchell's Zebra 24
기니피그 Guinea Pig 160
긴귀밴디쿠트 Greater Bilby 46
긴꼬리왈라비 Pretty-Faced Wallaby 122
긴발쥐캥거루 Long-Footed Potoroo 136
길들여진말 Domestic Horse 20
깡충토끼(날토끼) Springhare 204
꿀먹이꼬마주머니쥐 Honey Possum 220
남미날다람쥐 Southern Flying Squirrel 208
남아프리카호저 South African Porcupine 192
낸시마올빼미원숭이 Nancy Ma's Night Monkey 50
노란발바위왈라비 Yellow-Footed Rock Wallaby 126
노르웨이나그네쥐 Norwegian Lemming 172
눈덧신토끼 Snowshoe Hare 224
늘보주머니쥐 Common Spotted Cuscus 128
다람쥐원숭이 Common Squirrel Monkey 66
동부줄무늬다람쥐 Eastern Chipmunk 218
동부흑백콜로버스 Mantled Guereza 72
돼지꼬리원숭이 Pigtail Macaque 74
두크마른원숭이 Red-Shanked Douc 86
둑방쥐 Bank Vole 176
리비안모래쥐 Libyan Jird 194
링테일드리머 Ring-Tailed Lemur 110
마라 Mara 162
말레이맥 Malayan Tapir 30
망토개코원숭이 Hamadryas Baboon 84
맨드릴개코원숭이 Mandrill 80

맷치나무타기캥거루 Matschie's Tree Kangaroo 120
멧밭쥐 Harvest Mouse 196
목초지들쥐 Meadow Vole 174
목화머리타마린(솜모자타마린) Cottontop Tamarin 64
무스탕(아메리카산작은야생마) Mustang 18
바바리에이프원숭이 Barbary Ape 78
버빗원숭이 Vervet Monkey 70
버지니아주머니쥐 Virginia Opossum 150
벌거숭이두더지쥐 Naked Mole Rat 156
보노보 Bonobo 98
보르네오오랑우탄 Bornean Orangutan 102
보타포켓고퍼(보타흙파는쥐) Botta's Pocket Gopher 186
부시베이비 Bushbaby 94
북아메리카비버 North American Beaver 158
북아메리카호저 North American Porcupine 184
붉은다람쥐 Red Squirrel 212
붉은캥거루 Red Kangaroo 124
붉은털원숭이(레서스원숭이) Rhesus Macaque 76
브라질세띠아르마딜로 Brazilian three-banded Armadillo 240
사향쥐 Muskrat 178
산악비스카차 Mountain Viscacha 166
생쥐 House Mouse 198
쇠주머니쥐 Common Mouse Opossum 234
숲멧토끼 Hare 228
시궁쥐 Brown Rat 200
시베리아줄무늬다람쥐 Siberian Chipmunk 216
아드바크 Aardvark 14
아시아코끼리 Asian Elephant 148
아이아이원숭이 Aye-Aye 92
아프리카야생당나귀 African Wild Ass 16
아프리카코끼리 African Elephant 236
아홉띠아르마딜로 Nine-Banded Armadillo 238
알프스마못 Alpine Marmot 210
애기웜뱃 Common Wombat 222
오리너구리 Duck-Billed Platypus 34
우아카리원숭이 Uakari Monkey 112
워일리 Brush-Tailed Bettong 134
유라시아뒤쥐 Eurasian Shrew 40
유럽두더지 European Mole 42
유럽들다람쥐 European Ground Squirrel 214

유럽물밭쥐 European Water Vole 168
유럽햄스터 European Hamster 170
유령안경원숭이 Spectral Tarsier 116
인도코뿔소 Indian Rhinoceros 28
인드리원숭이 Indri Lemur 108
작은개미핥기 Southern Tamandua 146
작은이집트날쥐 Lesser Egyptian Jerboa 182
주머니긴팔원숭이 Siamang Gibbon 106
주머니여우 Common Brushtail Possum 130
짧은부리바늘두더지 Short-Beaked Echidna 36
천산갑 Pangolin 138
침팬지 Chimpanzee 100
카피바라 Capybara 164
캘리포니아멧토끼 Black-Tailed Jackrabbit 226
케이프바위너구리 Cape Hyrax 44
코알라 Koala 132
코이푸 Coypu 202
코주부원숭이 Proboscis Monkey 82
큰개미핥기 Giant Anteater 144
큰겨울잠쥐 Edible Dormouse 188
태즈메이니아데빌 Tasmanian Devil 118
텐렉 Common Tenrec 48
티베트야생당나귀 Kiang Tibetan Ass 22
티티원숭이 Dusky Titi 114
피그미개미핥기 Pygmy Anteater 140
피그미마모셋 Pygmy Marmoset 58
필리핀날원숭이 Colugo 32
하누만랑구르 Hanuman Langur 88
호프만두발가락나무늘보 Hoffman's Two-Toed Sloth 142
황금사자타마린 Golden Lion Tamarin 60
황제콧수염원숭이 Emperor Tamarin 62
흰가슴담비 Beech Marten 152
흰손긴팔원숭이 Lar Gibbon 104
흰얼굴꼬리감는원숭이 White-Faced Capuchin Monkey 68
흰코뿔소 White Rhinoceros 26

ABC 순

Aardvark 아드바크 14
African Elephant 아프리카코끼리 236
African Wild Ass 아프리카야생당나귀 16
Alpine Marmot 알프스마못 210
Asian Elephant 아시아코끼리 148
Aye-Aye 아이아이원숭이 92
Bank Vole 둑방쥐 176
Barbary Ape 바바리에이프원숭이 78
Beech Marten 흰가슴담비 152
Black-Tailed Jackrabbit 캘리포니아멧토끼 226
Black-Tailed Prairie Dog 검은꼬리프레리독 206
Bonobo 보노보 98
Bornean Orangutan 보르네오오랑우탄 102
Botta's Pocket Gopher 보타포켓고퍼보타흙파는쥐 186
Brazilian three-banded Armadillo 브라질세띠아르마딜로 240
Brown Howler Monkey 갈색고함원숭이 54
Brown Rat 시궁쥐 200
Brown Woolly Monkey 갈색양털원숭이 56
Brush-Tailed Bettong 워일리 134
Burchell's Zebra 그랜트얼룩말 24
Bushbaby 부시베이비 94
Cape Hyrax 케이프바위너구리 44
Capybara 카피바라 164
Chimpanzee 침팬지 100
Colugo 필리핀날원숭이 32
Common Brushtail Possum 주머니여우 130
Common Dormouse 겨울잠쥐 190
Common Mouse Opossum 쇠주머니쥐 234
Common Spotted Cuscus 늘보주머니쥐 128
Common Squirrel Monkey 다람쥐원숭이 66
Common Tenrec 텐렉 48
Common Wombat 애기웜뱃 222
Cottontop Tamarin 목화머리타마린(솜털머리마선) 64
Coypu 코이푸 202
Domestic Horse 길늘여신발 20
Duck-Billed Platypus 오리너구리 34
Dusky Titi 티티원숭이 114
Eastern Chipmunk 동부줄무늬다람쥐 218
Edible Dormouse 큰겨울잠쥐 188
Emperor Tamarin 황제콧수염원숭이 62

Eurasian Shrew 유라시아뒤쥐 40
Eurasian Water Shrew 갯첨서 38
European Ground Squirrel 유럽들다람쥐 214
European Hamster 유럽햄스터 170
European Mole 유럽두더지 42
European Rabbit 굴토끼 230
European Water Vole 유럽물밭쥐 168
Gelada Baboon 겔라다개코원숭이 90
Giant Anteater 큰개미핥기 144
Giant Elephant Shrew 거대코끼리땃쥐 154
Golden Lion Tamarin 황금사자타마린 60
Gorilla 고릴라 96
Greater Bilby 긴귀밴디쿠트 46
Guinea Pig 기니피그 160
Gundi 군디 180
Hamadryas Baboon 망토개코원숭이 84
Hanuman Langur 하누만랑구르 88
Hare 숲멧토끼 228
Harvest Mouse 멧밭쥐 196
Hedgehog 고슴도치 12
Hoffman's Two-Toed Sloth 호프만두발가락나무늘보 142
Honey Possum 꿀먹이꼬마주머니쥐 220
House Mouse 생쥐 198
Indian Rhinoceros 인도코뿔소 28
Indri Lemur 인드리원숭이 108
Kiang Tibetan Ass 티베트야생당나귀 22
Koala 코알라 132
Lar Gibbon 흰손긴팔원숭이 104
Lesser Egyptian Jerboa 작은이집트날쥐 182
Libyan Jird 리비안모래쥐 194
Long-Footed Potoroo 긴발쥐캥거루 136
Malayan Tapir 말레이맥 30
Mandrill 맨드릴개코원숭이 80
Mantled Guereza 동부흑백콜로버스 72
Mara 마라 162
Matschie's Tree Kangaroo 맷치나무타기캥거루 120
Meadow Vole 목초지들쥐 174
Mountain Viscacha 산악비스카차 166
Muskrat 사향쥐 178
Mustang 무스탕(아메리카산작은야생마) 18

Naked Mole Rat 벌거숭이두더지쥐 156
Nancy Ma's Night Monkey 낸시마올빼미원숭이 50
Nine-Banded Armadillo 아홉띠아르마딜로 238
North American Beaver 북아메리카비버 158
North American Porcupine 북아메리카호저 184
Norwegian Lemming 노르웨이나그네쥐 172
Pangolin 천산갑 138
Pigtail Macaque 돼지꼬리원숭이 74
Plateau Pika 고원우는토끼 232
Pretty-Faced Wallaby 긴꼬리왈라비 122
Proboscis Monkey 코주부원숭이 82
Pygmy Anteater 피그미개미핥기 140
Pygmy Marmoset 피그미마모셋 58
Red Kangaroo 붉은캥거루 124
Red Squirrel 붉은다람쥐 212
Red-Faced Black Spider Monkey 검은거미원숭이 52
Red-Shanked Douc 두크마른원숭이 86
Rhesus Macaque 붉은털원숭이(레서스원숭이) 76
Ring-Tailed Lemur 링테일드리머 110
Short-Beaked Echidna 짧은부리바늘두더지 36
Siamang Gibbon 주머니긴팔원숭이 106
Siberian Chipmunk 시베리아줄무늬다람쥐 216
Snowshoe Hare 눈덧신토끼 224
South African Porcupine 남아프리카호저 192
Southern Flying Squirrel 남미날다람쥐 208
Southern Tamandua 작은개미핥기 146
Spectral Tarsier 유령안경원숭이 116
Springhare 깡충토끼날쥐 204
Tasmanian Devil 태즈메이니아데빌 118
Uakari Monkey 우아카리원숭이 112
Vervet Monkey 버빗원숭이 70
Virginia Opossum 버지니아주머니쥐 150
White Rhinoceros 흰코뿔소 26
White-Faced Capuchin Monkey 흰얼굴꼬리감는원숭이 68
Yellow-Footed Rock Wallaby 노란발바위왈라비 126

Encyclopedia of Animals ① 무척추동물 · 양서류 · 파충류 편

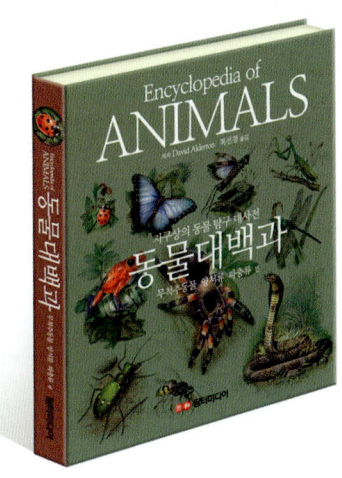

그리즈월드 주머니개구리 14 / 할리퀸두꺼비 16 / 유럽두꺼비 18 / 내터잭두꺼비 20 / 딸기 독화살개구리 22 / 산파개구리 24 / 유럽청개구리 26 / 쟁기발두꺼비 28 / 무어개구리 30 / 아메리카 황소개구리 32 / 물거미 34 / 유럽정원거미 36 / 굽은가시거미 38 / 문짝거미 40 / 멕시코 붉은다리거미 42 / 검은과부거미(검은독거미) 44 / 게거미 46 / 머드퍼피 48 / 알파인 살라맨더 50 / 파이어 살라맨더 52 / 알파인뉴트 54 / 폭탄먼지벌레 56 / 그린타이거비틀 58 / 사향하늘소 60 / 칠성무당벌레 62 / 큰물방개 64 / 사슴벌레 66 / 떡갈잎풍뎅이 68 / 유럽장수풍뎅이 70 / 쇠똥구리 72 / 로즈채퍼(장미꽃풍뎅이) 74 / 송장벌레 76 / 미국악어 78 / 나일악어 80 / 인도가비알 82 / 집게벌레 84 / 집파리 86 / 유럽지렁이 88 / 방패벌레 90 / 꿀벌 92 / 서양땅뒤영벌 94 / 행군개미(군대개미) 96 / 붉은 산림개미 98 / 말벌 100 / 땅벌 102 / 터마이트 104 / 유럽 푸른부전나비 106 / 번개 오색나비 108 / 왕나비 110 / 모포나비 12 / 붉은제독나비 114 / 퀸 알렉산드라 버드윙 116 / 산호랑나비 118 / 아폴로 모시나비 120 / 해골박각시 122 / 황제나방 124 / 사마귀 126 / 개미귀신 128 / 황제잠자리 130 / 넓은몸사냥꾼잠자리 132 / 필드귀뚜라미 134 / 푸른날개메뚜기 136 / 총베쌍이 138 / 가랑잎벌레 140 / 식용달팽이 142 / 민달팽이 144 / 지중해전갈(광그독전갈) 146 / 목도리도마뱀 148 / 도깨비도마뱀 150 / 뱀도마뱀(굼벵이무족도마뱀) 152 / 보아뱀 154 / 그린아나곤다 156 / 유럽키멜레온 158 / 바실리스ᅳ이구아나 160 / 풀뱀 162 / 블랙맘바 164 / 동부 산호뱀 166 / 킹코브라 168 / 토케이 게코 170 / 아메리카 독도마뱀 172 / 바다이구아나 174 / 녹색이구아나 176 / 받칸 녹색도마뱀 178 / 벽도마뱀 180 / 인도왕뱀 182 / 싱글백도마뱀 184 / 코모도왕도마뱀 186 / 텍사스 방울뱀 188 / 유럽북살모사 190 / 바다거북 192 / 늑대거북 194 / 징수거북 190 / 묽은 머시북 108 / 갈라파고스 땅거북 200 / 고퍼거북 202

Encyclopedia of Animals ② 어류 · 조류 · 특이한 포유류 편

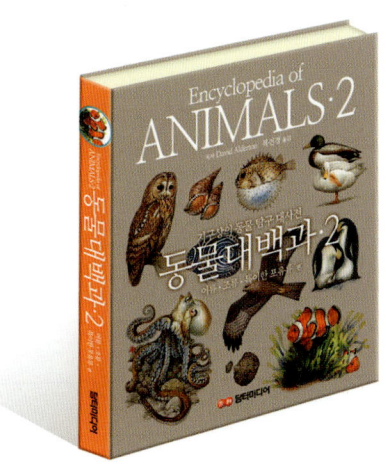

뱀장어 14 / 지중해곰치 16 / 큰귀상어 18 / 잉어 20 / 청소새우 22 / 바닷가재 24 / 피들러크랩 26 / 소라게 28 / 성게 30 / 창꼬치(노던파이크) 32 / 큰가시고기 34 / 백상아리 36 / 굴 38 / 왜문어 40 / 고래상어 42 / 주얼시클리드 44 / 말뚝망둥어 46 / 삼투어 48 / 블루페이스엔젤 50 / 클라운피시 52 / 여왕파랑비늘돔 54 / 황다랑어 56 / 악마가오리 58 / 무지개송어 60 / 대서양연어 62 / 데블라이온피시 64 / 웰스메기 66 / 가시복 68 / 갑오징어 70 / 긴지느러미연안오징어 72 / 쇠고둥(물레고둥) 74 / 소라고둥 76 / 대왕조개 78 / 포르투갈맨오워(고깔해파리, 작은부레관해파리) 80 / 해마류 82 / 빨간속불가사리 84 / 청둥오리 86 / 재갈매기 88 / 물총새 90 / 호아친 92 / 검독수리 94 / 솔개 96 / 안데스콘도르 98 / 매 100 / 황조롱이 102 / 뱀잡이수리 104 / 흰눈썹뜸부기 물새 106 / 푸른머리되새 108 / 극락조 110 / 유럽동고비 112 / 유럽울새 114 / 나이팅게일 116 / 가마우지 118 / 큰홍학 120 / 황제펭귄 122 / 올빼미 124 / 북도키위 126 / 목도리도요 128 / 북방긴수염고래 130 / 대왕고래 132 / 혹등고래 134 / 머리코돌고래 136 / 참돌고래 138 / 참거두고래 140 / 범고래 142 / 귀신고래 144 / 아마존강돌고래 146 / 흰돌고래 148 / 일각돌고래 150 / 쥐돌고래 152 / 향유고래 154 / 바다코끼리 156 / 북방물개 158 / 캘리포니아강치(캘리포니아바다사자) 160 / 두건물범 162 / 턱수염바다물범 164 / 레오파드바다표범 166 / 남방코끼리바다표범 168 / 지중해몽크바다표범 170 / 하프물범 172 / 잔점박이물범 174 / 듀공 176 / 매너티 178 / 흡혈박쥐 180 / 인도왕박쥐 182 / 작은편자박쥐 184 / 다우벤톤박쥐 186 / 멧박쥐 188

Encyclopedia of Animals ③ 육지의 포유류 편

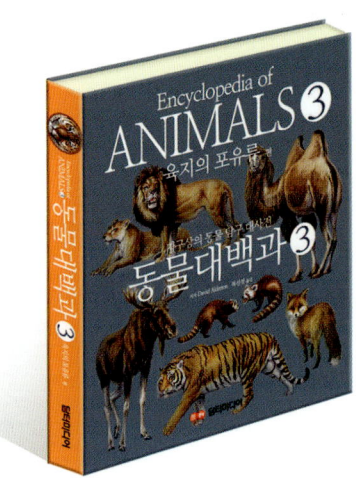

너구리판다(레서판다) 12 / 황금자칼 14 / 저먼셰퍼드도그 16 / 코요테 18 / 회색늑대 20 / 딩고 22 / 검은등자칼 24 / 갈기늑대 26 / 승냥이 28 / 아프리카들개(리카온) 30 / 너구리 32 / 큰귀여우 34 / 회색여우 36 / 들개 38 / 북극여우 40 / 붉은여우 42 / 페넥여우 44 / 시베리안허스키 46 / 치타 48 / 카라칼 50 / 고양이 52 / 유라시안스라소니 54 / 모래고양이 56 / 유럽살쾡이 58 / 오실롯 60 / 서벌 62 / 보브캣 64 / 구름무늬표범 66 / 사자 68 / 재규어 70 / 표범 72 / 시베리아호랑이 74 / 인도호랑이(벵골호랑이) 76 / 퓨마 78 / 재규어런디(자가란디) 80 / 눈표범 82 / 인도몽구스 84 / 미어캣 86 / 점박이하이에나 88 / 땅늑대 Aardwolf 90 / 줄무늬스컹크 92 / 울버린 94 / 솔담비(소나무산달) 96 / 흑담비 98 / 오소리 100 / 꿀오소리(라텔) 102 / 유럽족제비 104 / 북방족제비(산족제비) 106 / 아메리카오소리 108 / 북아메리카링테일 110 / 흰코코아티 112 / 킨카주너구리 114 / 아메리카너구리 116 / 대왕판다 118 / 말레이곰 120 / 안경곰 S122 / 미국흑곰 124 / 큰곰 126 / 회색곰 128 / 알래스카불곰 130 / 북극곰 132 / 아시아흑곰 134 / 빈투롱 136 / 제넷고양이 138 / 가지뿔영양 140 / 임팔라 142 / 바바리양 144 / 스프링복영양 146 / 아메리카들소 148 / 유럽들소 150 / 가우르(인도들소) 152 / 물소 154 / 베조아르아이벡스 156 / 산악아이벡스 158 / 수마트라영양 160 / 블루윌더비스트(누) 162 / 토피영양 164 / 톰슨가젤 166 / 도르카스가젤 168 / 히말라야산양 170 / 검은영양 172 / 키르크딕딕 174 / 췬바위산양 176 / 아 / 비아오릭스 178 / 오리비가젤 180 / 사향소 182 / 아르갈리양(산양) 184 / 큰뿔야생양 186 / 무플런 188 / 야크 190 / 리드벅 192 / 샤무아(알프스산양) 194 / 사이가영양(큰코영양) 196 / 노린등디이키 198 / 이프리카물소(아프리카들소) 200 / 일런드 202 / 네뿔영양 204 / 쿠두 206 / 쌍봉낙타 208 / 단봉낙타 210 / 라마 212 / 비쿠냐 214 / 노 두 216 / 엑시스시슴 210 / 엘그 220 / 붉은사슴 222 / 일본사슴 224 / 다마사슴 226 / 사불상 228 / 문착 230 / 흰꼬리사슴 232 / 남부푸두 234 / 가리부 236 / 기린 238 / 하마 240 / 사향누루 242 / 바비루사 244 / 숲멧돼지 246 / 덤불멧돼지 248 / 유럽멧돼지 250 / 도리펙커리 252

담터미디어 어린이 대백과 시리즈

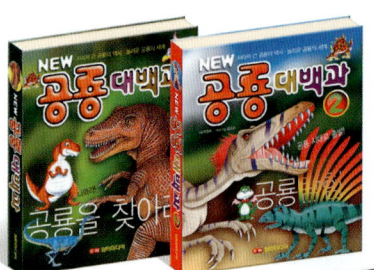

공룡대백과 사라져간 공룡의 역사 놀라운 공룡의 세계
인류 역사상 가장 큰 생물체가 살던 중생대 이야기
각 200쪽 / 각 정가 12,000~13,000원

국기대백과 전 세계 232개 국가의 국기 수록
한 나라를 상징하고 나라의 표지가 되는 국기 대백과
240쪽 / 정가 12,000원

인물대백과 우리나라를 빛낸 100인 인물 대백과
국가와 민족의 변천 과정을 일깨워 주는 살아있는 교과서
360쪽 / 정가 13,000원

안전상식대백과
어린이 안전사고에 관한 100가지 안전상식
216쪽 / 정가 13,000원

동물대백과 지구상의 동물 탐구 대사전
1. 무척추동물/양서류/파충류 편
2. 어류/조류/특이한 포유류 편
3. 육지의 포유류 편
각 208-200-256쪽 / 정가 13,800원

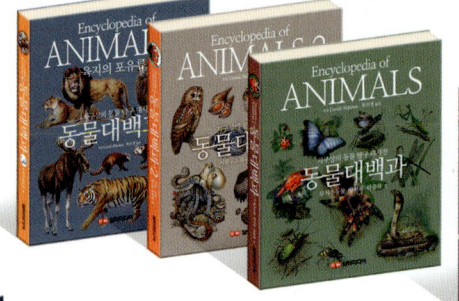

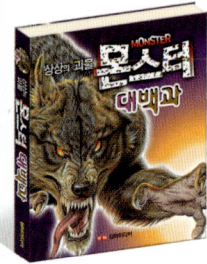

몬스터대백과
호기심과 상상력으로 가득 찬 궁금증을 해결해 주는 괴물사전
옛날이야기보다 실감나고 다큐멘터리보다 강렬한 괴물 이야기
176쪽 / 정가 13,000원

전투기의 역사를 읽을 수 있는 **고전제트기** 1945-1960 전투기들의 황금기
전투기의 유행을 읽을 수 있는 **고전제트기** 1960-present 제5세대 전투기
각권 216쪽 / 각권 정가 13,800원